[美国] 杰夫·多伊奇 著
汪畅 译

总有好书店

BOOKSTORE

In Praise of Good Bookstores

Jeff Deutsch

译林出版社

图书在版编目（CIP）数据

总有好书店 / （美） 杰夫 · 多伊奇 （Jeff Deutsch）著 ; 汪畅译. -- 南京 : 译林出版社, 2025. 1.

ISBN 978-7-5753-0316-3

Ⅰ. G239.1

中国国家版本馆CIP数据核字第2024G6A746号

著作权合同登记号　图字：10-2023-240 号

总有好书店　［美国］杰夫·多伊奇／著　汪畅／译

责任编辑　张　露
装帧设计　周伟伟
校　　对　王　敏
责任印制　董　虎

原文出版　Princeton University Press, 2022
出版发行　译林出版社
地　　址　南京市湖南路 1 号 A 楼
邮　　箱　yilin@yilin.com
网　　址　www.yilin.com
市场热线　025-86633278
排　　版　南京展望文化发展有限公司
印　　刷　徐州绪权印刷有限公司
开　　本　787 毫米 ×1092 毫米　1/32
印　　张　7.375
插　　页　4
版　　次　2025 年 1 月第 1 版
印　　次　2025 年 1 月第 1 次印刷
书　　号　ISBN 978-7-5753-0316-3
定　　价　58.00 元

献给过去、现在和未来的书商

你们静默而谦卑地让这个行业发光发亮

献给琳达、哈斯凯尔和埃里卡

你们的爱和对书籍的喜好为我提供了榜样

献给杰出的书商——梅

你的爱是我从图书销售中获得的最好礼物

于文明而言，书店是最伟大的工具之一，我们所有人都可以进入；然而，无论是出版商、书商还是读者，我们都对这一场所究竟能实现什么一无所知。

——克里斯托弗·莫利

因此，没有人能同时侍奉书籍和财神。

——理查·德·伯里

你已经属于你的时间了。

——莉迪亚·戴维斯

目 录

序　言

书的存在

愿您那庞大的图书馆得以证实！

——豪尔赫·路易斯·博尔赫斯，

《巴别塔图书馆》

稀缺的书商

社会学家爱德华·希尔斯（Edward Shils）写道："我们很可能生活在这样一个时代：书店是一种悬置于'濒临死亡的旧社会'和'竭力诞生的新社会'之间的机构。"[1]但愿我们真如希尔斯所述，生活在一个书店能如此明确自身存在的时代中！

几个世纪以来，我们书商一直在怀念那个更加文雅的时代，因为过去向严肃的普通读者出售高质量的图书是切实可行的。然而，我们的怀旧之情很可能就像大多数怀旧之情一样，是凭空虚构的，或者至少是似是而非的。好书店从没有在商业上有所建树。我们从希尔斯1963年的文章《美国书店》中可以得知，运营好书店的种种困难早已是老生常谈；但这一问题在现代变得愈发严峻。一旦我们无法打造一种新模式去发挥书
1 店的优势，那么这个“竭力出生的新社会”就很有可能会将书店彻底抛在身后。

希尔斯是一位特别雄辩的社会实践者，他对我们这个时代的图书销售状况哀叹不已。1895年，新成立的书商联盟的主席查尔斯·T.迪林厄姆（Charles T. Dillingham）在讲话中提及“零售书商作为一个独特的群体，其数量正在逐渐减少”，并指出“在大城市以外，他们已经所剩无几”[2]。早在18世纪，丹尼斯·狄德罗和让·勒朗·达朗贝尔（Jean le Rond d'Alembert）就在共同编著的《百科全书》中，于“图书销售”的条目中加入了这样一句怨言：“图书业每况愈下，图书销售不再盈利。”[3]

我们不必再为这个时代的图书销售现状嗟叹了；但我真心认为，在为时已晚之前，明智之举是设想一种图书销售的理想模式，即想象一种书店的美好未来——书店不仅能生存下去，而且能实现自身的最高愿景。

1994年，美国大约有7 000家独立书店[4]；截至2019年，只剩下了2 500家书店[5]；而在这些少数幸存的书店中，专营图

书销售的书店数量就更少了。这些事实都不是一种偶然。到了21世纪，读者不再需要在书店里选购图书了。此外，从零售的角度来看，仅靠图书销售的净利润已经难以支撑书店的商业运营。

既然如此，为什么还需要书店呢？假设书店的确不可或
缺，我们又该如何打造一种新模式来支持书店实现自身的最高 2
理想呢？

书店真是一个奇怪的存在。这个世界上有**那么多的**书。2019年，市面上有2 000多万册的图书可供选择，还不包括当年出版的图书。在写作、出版、销售和阅读的各个环节，每一本书都需要专业人员倾注大量的心血。书籍在特定时间为如此寥寥的读者而著，不同的读者也会抱着各自不同的目的，阅读各种类型的书籍。因此，其他行业的高效率在图书行业是不可能实现的。

好书店的蓬勃兴旺从不指望畅销作品——或者希尔斯所说的“长篇大论的政治书籍”和“夸夸其谈、苍白无力的传记”——而是成千上万的单一“产品”（请原谅我的这一措辞，书商同仁们）。这些“产品”被耐心地放在书架上，等候着命

中注定的读者前来翻阅，就连资本在这一过程中也丧失了活力。[6]这一点构成了好书店的非凡之处，或许更是独特之处。

1891年，艺术评论家和“扶手椅政治经济学家”约翰·罗斯金在《芝麻与百合》（*Sesame and Lilies*）中提出了“一时之书”（books of the hour）与“永世之书”（books of all time）两个概念，当然，他指出两者只有种类上的区别，并无质量上的差异，因为一时之书和永世之书皆存在良莠不齐的情况。如果我们相信传统观念，那么一时之书便是参与文
3 化对话的必读书，而永世之书则是每个人都应该读过的书。不过，实际情况并非如此，这也是图书业和广大读者的一大优势。当然，这两类书籍都拥有足够多的读者，以至于**看起来**每个人都在读——或者已经读过了；但作为书商的我们都知道，传统观念是站不住脚的，它们对图书销售工作的影响微乎其微。书店是多元思想的避风港。

在好书店的藏书之中，有一个月前出版的，有一年前出版的，有半个世纪前出版的，甚至还有几千年前出版的。有品味的书商会提供各个年代的精选图书。要做到这一点，图书销售人员不仅需要熟知历代文学作品和某位作家一生的文学作品，还要了解每季数千本不同类型的新出版物。其中只有极少数图书有机会被摆上书架。鉴别力是优秀书商的重要品质；过滤、挑选、布置和热情是他们的工作内容。

书店的商业模式显然是难以维持自身运营的。没有零售商会选择发展书店的业务，因为他们的商业逻辑是低价买进、高价卖出。新闻工作者H. L. 门肯早在1930年的文章《瞧，可怜的书商》中就表达了相同的观点：

> 神奇的是，书商竟然生存下来了。这就好比有一家
> 服装店，店主不仅需要订购各式各样的新潮服饰，还必 4
> 须备有自1750年以来流行的各种衬衫、领子、袜子、领
> 带和内衣。[7]

九十多年过去了，即使书和作者改变了，书商的难题仍然没有答案。如果书店里没有塔那西斯·科茨（Ta-Nehisi Coates）或埃莱娜·费兰特的最新作品，读者很可能会认为书店的库存不足；而有一些对现代作品兴趣不大的读者很可能会因为找不到贝尔·胡克斯（bell hooks）或伊丽莎白·哈德威克（Elizabeth Hardwick）二十五年前的作品而失望离去。当同一位书商面对这两类不同的阅读人群时，必须清楚科茨和费兰特的哪些书应该继续留在书架上，哪些书在十年后应该主动下架。

在这一点上，与门肯同一时期的小说家兼书店爱好者克里斯托弗·莫利（Christopher Morley）深知书商所面临的挑

战。他这样写道："书商必须集酒吧和酒窖的功能于一身，随时根据读者的要求，不仅能调制时下流行的鸡尾酒，还能提供最稀有的陈年佳酿。能同时领悟这两个优点的书商是多么稀缺啊！"[8]

对于大多数书商而言，图书销售**业务**显然是次要的。这也是为什么他们会寻找其他途径来创造利润，以便能够继续销售那些最初吸引他们从事这项工作的图书。大多数书商也衷心地希望，能在任何一家好书店的书架上看见诸如科茨、费兰特、胡克斯和哈德威克的作品。在我们这个时代，书店已经开始销售从袜子到咖啡等各种商品，就像希尔斯时代的书商开始"贩卖拭笔具、吸墨纸、写作本、贺卡和黑胶唱片"一样。我们当然明白为什么：他们需要盈利。[9]

自1994年以来，我一直是一名书商，经营书店贯串我的整个职业生涯。我被书籍深深吸引，不骄不悔地通过贩卖笔记本、咖啡、贺卡和其他副业来增补藏书。我相信，这样做是维持一家体面书店的合理妥协（事实也的确如此）。我坚持认为一些好书店在繁荣的社区中是必不可少的存在。然而，书店的最高愿景仍然没有实现。

世界上规模最大、最商业化的图书销售商亚马逊也不例外。事实上，图书销售的**工作**完全被规避了。21世纪的图书销售模式就像一家"百货商店"，完全摒弃了过滤、挑选、布置和热情。杰夫·贝索斯（Jeff Bezos）在1997年的“专业图书馆会议”（Special Libraries Conference）上发表演讲时解释，他之所以选择图书作为公司销售的首要产品，只是因为“到目前为止，图书类别中的产品比其他所有类别中的产品多得多”。[10]此外，图书相对统一的尺寸也更易于包装和运输。就这样，贝索斯将图书销售变成一门亏本的生意（以亏损的价格销售图书，来吸引顾客购买利润率更高的产品，从而创造高盈利的交易）。考虑到职业的书商长期以来更加看重的是文化工作，而 6
不是付出巨大辛劳后的微薄利润，贝索斯的这一做法就显得格外令人深恶痛绝。书商**需要**靠卖袜子来贴补图书的收益；而贝索斯**选择**降低图书的价格，只是为了让本就盈利的商品（比如袜子）带来更多的利润。

不过，为了不再继续沉溺于悲叹之中，不妨让我们设想一种不同类型的书店。

摆脱的影子

1961年，也就是希尔斯出版《美国书店》的两年前，芝加哥神学院的五名学生成立了一家消费合作社，其初衷是：

> 主要向神学院和其他位于芝加哥大学校园内及其附

> 近的学术机构的学生、教职员工和行政人员提供……神学研究所需的书籍、刊物和用品，并为这些人员、神学院和机构建立其专业和学术图书馆。

合作社章程的第二条全文如下：“本社团的全称是神学院
7 合作社书店股份有限公司。”[11]

希尔斯于1961年成为芝加哥大学的教员，同时也在社会学系和社会思想委员会任职。也许，神学院合作社的早期书商读过希尔斯的文章。1969年，合作社的总经理约翰·莫德席德勒聘请了杰克·塞拉（Jack Cella）；塞拉于1973年担任了合作社的领导人，任期达四十年之久。希尔斯一定向海德公园的七家书店老板（包括塞拉在内）都阐述了自己的意见，因为他在诸多事情上享有声望，而怯于表述智识问题上的见解绝不符合他的个性。即便书店老板没有读过希尔斯的文章，他们也可能亲耳听过他在书店里表达他的憎恶。1978年，希尔斯成了合作社的第8704号成员。

一般来说，图书销售是一门不太可行，甚至不太明智的生意，因此经营一家严肃的书店无疑是一个愚蠢至极的商业尝试。“如果一个人能够赚取一两万美元，”希尔斯问道，“那他何必要把这笔钱投资在销售严肃图书的书店上呢？如果他有理性的经济头脑，那他最好去开一家美容院、汉堡店、烧烤店，或者直接把钱投到股市中。”[12]希尔斯在这句话中采用了反问的修辞——他本人自然知道问题的答案。塞拉和莫德席德勒也知晓答案。如果一个理智之人的目标是过上有目的和有意义的生活，那么严肃的书籍便是人类经过审视后的生活精华。

在20世纪的最后三十年里，塞拉和他身边的一大批书商
共同建立了堪称美国最好的严肃书店。他们忽视了当初建立书 8
店时令人难以置信的特殊目标，即将其扩建为一个庞大的机构。优秀的书店能反映社区的形象；优异的书店更能塑造社区的环境。在最初的几年里，神学院合作社在这两方面都做得可圈可点。

2013年，塞拉宣布退休。作为合作社长期成员的哲学家乔纳森·李尔对继任者有所担忧，他不禁想知道：“到底上哪儿发布招聘广告，才能寻找一个（或多个）愿意献身于一家书店的灵魂?”[13]

有时候，一个现象的存在——无论是一个人，还是一个机构，抑或是一件艺术品——本身就值得敬畏，其价值更是毋庸置疑。1994年，当我第一次踏上那段通往旧合作社的危险楼梯时，这家书店正处于鼎盛时期（顺便提一句，亚马逊在

那一年刚刚成立)。我就像在我之前和之后的人一样，被神学
院合作社的存在所深深折服。这家书店实现了一种谦逊但宏大
的愿景：可供选择的海量书籍摆放在书架上，营造了一种无与
伦比的浏览体验；没有小摆设、拭笔具和留声机唱片，只有偶
尔一两本翻开的或泛白的书卷。所有的藏书构建了一个整体的
9 环境；读者们沉浸在由书脊构成的景观中，改变了自身的空间
感、时间感、丰富感、价值感和社区感。一个迷茫不安的年轻
人想在这个茫茫世界中找到自己的一条路，他只知道书的存在
对自己至关重要，而合作社书店似乎是他梦寐以求的最接近精
神家园之地。

事实上，这是一门建立在书籍之上的宗教，而那时的我正试图离开它。但即便如此，我也清楚地知道：无论这个世界还剩下什么，书籍仍然会继续存在。

我在布鲁克林及其周边的一个东正教犹太社区长大。我童年时在弗拉特布什、博罗公园（Boro Park)、新泽西州和伊丽莎白市的房间里都堆满了书；大部头的书籍遍布我儿时的家、犹太学校、会堂和亲戚朋友的房屋。

从1957年到2012年，我的祖父母租住在博罗公园16大道和53街拐角处的一套二层公寓里。我祖父的“图书馆”——或者更确切地说，摆满了书的客厅——给我留下了不可磨灭的印象。书柜里的书排得满满当当，华丽整齐的书脊彰显出一

股清晰的庄重之感。这些书装饰了整个客厅，但并不只是装饰品。书架里总会有几处每周都在移动位置的空缺，不断轮换的精选书籍时常会摆放在祖父的书桌和书架上。

这些书都被翻阅过——毕竟，书是供人阅读的——而且
深受推崇和喜爱。虔诚的犹太人习惯在合上书后亲吻封面，我 10
多年来一直保持着这一习惯。英国文学家利·亨特（Leigh Hunt）在谈到对书的热情时写道，他喜欢把头抵在书上。尊重传统的犹太人则可能会这样说：“当我说到与书接触时，指的是字面意义上的接触。”[14]

在希伯来语中，有一个词是“读书小组”（chevrusas），指的是一种在小组中读书的方式，其词根有“好友”之意。我的祖父也有自己的读书小组；当我还是个小男孩的时候，我会加入其中，只是为了在一旁观察。那时，我常常去街对面的犹太教会堂地下室，坐在那张朴素的长凳上。我抬起头，勉强才能望到桌面，观察着身边魁梧的读者们：他们捧着大部头的阿拉米语书，时而质疑，时而思考，时而争论，时而为自己在书中的新发现而欣喜若狂。

我的祖父并不是一位学者，而是一位店主。他在新乌得勒支大道开了一家“查塔姆服装店”，向三州地区*的哈雷迪

* 即美国的纽约州、新泽西州和康涅狄格州交界处的地区。——译注

犹太人*出售犹太服装。他每天在店里工作很长时间，之后，会和家人共进晚餐，然后过马路去和读书小组的成员一同学习。

这项被称为“学习”的活动在社区中很是平常，因为人们只有一个学习目标——《塔纳赫》及其诸多注解，尤其是《塔木德》，因此无须指定学习的目的。无论年龄的大小，学习都是日常生活的一部分。学习之所以特殊，恰恰是因为它是一项日常的脑力活动。此外，人们认识到，学习虽然的确能带来
11 智慧和快乐，但其本身就是一种目的。

在那个社区中，对一个人的最高赞美就是说他很有学识，或者说他是一个智慧的学者、一个聪明的学生。我在十几岁后，进入世俗世界。但我很快就发现，一些关于书籍和教育的习俗与我的观念格格不入。我无法理解为什么会有人努力成为一个受教育的人，而不是一个有学识的人？为什么会有人为了谋生而学习，而不是为了不断学习而学习？难道学习不是过上更有意义的生活所必需的活动吗？说到底，倘若不营造学习的社区，不加深对学习的理解，不在晚饭后去读书小组学习，谋生又有什么意义呢？

* 一种守旧派别的犹太教徒，他们严格遵守传统的宗教规定和仪式。——译注

芝加哥诗人内特·马歇尔（Nate Marshall）曾在合作社的一次活动中说道：“一位诗人或一首诗歌能赠予你最大的礼物，就是许可。”事实证明，一家书店亦能如此。这正是人们第一次进入合作社所确立的：跳脱出学习机构（无论是大学还是犹太学校）和目的论范式，并自由挑选书籍的许可。

我还记得第一次下楼走进合作社时的惊叹。这让我不禁想起了英国散文家查尔斯·兰姆（Charles Lamb）对第一次踏入牛津的图书馆的回忆：

> 老图书馆真是个值得一待的好地方！所有作家仿佛都将自己的作品赠予了伯德雷恩图书馆的职员，他们的
> 灵魂也在此休憩。我有一种置身集体宿舍的感觉。我不 12
> 想触碰，不愿亵渎那些书页，它们就像是作家们的寿衣。我走在书架之间，仿佛正在吸入学问的气息；那些旧书皮所散发出来的气味带有被蛀虫侵蚀过的记忆，如同幸福果园中智慧树初开花朵时的芬芳。[15]

在祖父的熏陶下，我知道书不是装饰品，也知道书中蕴藏着等待我去发掘的宝藏，所以我很快就学会了勇敢地面对

无法摆脱的影子。我在犹太学校和私立学校间穿梭，构筑了自己的精神生活，因此像神学院合作社这样的书店存在的理由，对我来说是不言自明的。人们不仅可以在这样的地方增长学识，还可以养成学习的日常习惯，从而过上更有意义的生活。

哲学家弗朗西斯·培根对“知识和学习所带来的愉悦与快乐”的思考，在《塔木德》中并不鲜见。他以一位拉比教父的敏锐笔触写道：

> 在其他各式各样的快乐之中，我们都能获得满足；但这些快乐总是转瞬即逝。由此可见，它们只是虚假的快乐，并非真正的快乐；令人愉悦的是新奇性，而非品
> 13 质。因此，我们看到骄奢淫逸的人变成了修道士，雄心勃勃的贵族郁郁寡欢。但是就知识而言，人们永远不会饱足，因为对于知识的满足和渴望可以一直相互交替。[16]

在长大成人的过程中，传统文化中的精华始终教导着我，不仅要重视持久的事物，也不能忽略富有意义的瞬息。哲学家西蒙娜·薇依曾在书中指出：“星星和开花的果树：绝对的持久与极端的脆弱，带给人一种永恒之感。”[17]我的传统提醒着

自己去寻求真正的快乐，而非虚假的快乐；去寻求一种经久不衰的快乐，一种欲望满足后的持久乐趣，以及对深入追问意义、知识和爱的兴致。

献身于一家书店的灵魂

2014年，我响应了乔纳森·李尔的招聘广告，接替塞拉，成了神学院合作社的掌舵人。从那时起，全国十多位最优秀的专业书商与我一同参与了这项事业。我们这群“献身于一家书店的灵魂”很快就认识到，对于那些因为距离或其他原因而尚未踏足合作社书店的人，要向他们描述浏览这个神圣空间的体验是多么困难，更不用说讲清楚书店的价值了。

我在神学院合作社书店里度过了七年多的时光，在此之前的二十年里，我辗转于全国各大严肃书店。根据17世纪伟大的忧郁症学家罗伯特·伯顿的说法，莱顿图书馆馆长海因修斯“整年都被困在里面”；但海因修斯本人则对那些“不知道
这种幸福”的人深表同情。他就是我的同类，我对这种同情感 14
同身受。

> 我一进入图书馆，就闩上门，一道将欲望、野心、贪婪和所有这些由懒散滋生的恶习都拒之门外。懒散

> 是无知之母，忧郁本身也是如此。在永恒的怀抱中，我怀着崇高的精神和甜蜜的满足，在众多神圣的灵魂之间就座。[18]

我由衷地为这一体验感慨万千。这种愉悦的满足感并非出自新奇性，而是出自品质，吸引着我们在不久后重新再来。书商都是专业的爱好者。作为一个有着二十五年图书销售经验的人，我希望这精心打磨的销售技巧能够帮助我将这份分享书籍的热情转移到书店本身，鼓励你们和我一起阐明21世纪对书店的需求。

我希望获得赞美的不仅是书店，还有图书销售这一行业。查尔斯·迪林厄姆在1895年的一篇文章中写道："图书销售经常被归类为一种次要选择的职业。"[19]这句话准确地反映了我们目前的状况。希尔斯表示"成为书商与成为优秀读者之间并不存在高度相关的关系"[20]，但这句话表明他对书商所擅长的阅读类型一无所知。法国哲学家让-吕克·南希认识到，书商需要成为一位"超验的读者，为读者阅读创造可能性的条件"。南希是这么说的：

> 书商的顾客是正在阅读的读者，同时也是所购之书的读者。书商既拥有书，又拥有阅读的能力；既拥有读者，

> 又拥有出版商的资源。他们的阅读不仅仅包括解读每本书的全部页面，更需要对书籍进行筛选和精选，或从书中摘取思想。从这个意义上来说，“书商”的称谓并不能完全涵盖这一职业的全部内涵……不如直说吧，书商是传递书的人。[21]

对书店直截了当的辩护不再具有说服力。我们不再需要在书店里买书，甚至严肃图书也未能幸免。事实上，在21世纪，书店很可能被视为一种低效和不便的购书场所，而我们已然成了追求效率与方便的生物。

然而，追求效率不仅是一种前后矛盾的理想，也是一种值得质疑的美德。事实上，有一些低效之事却是智慧之举，许多艺术家和家长都可以证明这一点。书商和他们所服务的读者欣然拥抱了书店的低效之处。他们明白这些低效之处绝不是对时间的挥霍，而是创建一家好书店至关重要的因素。是时候不 16
再为优秀图书销售中所固有的低效率而道歉了。书店赖以生存的传统的零售模式是不够的。书商的工作是努力建构一个有助于培养更博学、更理解他人、更充实的民众的空间，但他们所做的贡献遭到了严重的低估和忽视。因此，我们必须认识和纠正这一现状。

如果我们不再需要在书店里买书，那么为什么我们仍然需要书店呢？在21世纪，一家好书店应该具备怎样的条件？无论我们给出何种答案，都必须从书的存在和浏览这些书的冲动开始；支持书店存在的最佳理由就是书店自身。书店是由书商精心打造的，塞拉和我们的先驱亲手打造了一个个不可思议的地带。书店的纯粹存在为书友社区提供了远远超过经济价值的回报。

跟着我一起浏览书店吧。尽管我以神学院合作社为主所描述的体验在各家好书店里是普遍存在的，但我会以书店本身的存在来证明希尔斯的那句话：一家好书店是“鲜活智慧的栖息地，是与世界接轨的必要一环”。[22]我们将在一排排书架间漫游，从中抽出一本书，思考若干个观点，为一个精
17 妙的洞见而欣喜若狂，然后稍做白日梦，希望能把问题界定清楚，这样就能缩小思考解决方法的范畴。正如沃尔特·惠特曼所说：“我和我的同伴从不以论证、比喻和押韵来说服人；我们以自身的存在而说服他人。”[23]书籍和书店可能亦是如此。

这本书不是一本哀悼之作（我们已经有足够多这样的书籍！），而是一本颂扬之作——或许会顺带为好书店辩护几句。

借用博尔赫斯的话来说，我提出这些想法，是希望我们能证实那宏大的图书馆。

2012年底，祖父去世的十八年后，我的祖母不再续租那套博罗公园的公寓。同年，神学院合作社迁往东边的一个街区，从过去的地下室搬到了一栋明亮、但依旧简陋的建筑中，旁边便是著名建筑师弗兰克·劳埃德·赖特（Frank Lloyd Wright）设计的“罗比之家”（Robie House）。祖母去世的第二年，我趁着公寓大楼被夷为平地之前，再去看了最后一眼。当我爬上楼梯，走进空荡荡的公寓时，客厅墙边地毯上的凹痕深深地震撼了我。那是祖父的书留下的短暂印记。在之后大半个钟头的时间里，我凝视着那因重量和时间而形成的凹陷，仿佛看到了星辰和盛开的果树，思索着那些现存和逝去的事物。 18

第一章

空　间

不必在意我谈论的是什么问题，而要注意我谈论这些问题的方式。

——蒙田，

《论书籍》，《蒙田文集》，

第 296 页

尚未追求的并置

神学院合作社就像许多传说一样，已然超越了自身的物质状态，但其实体性在这个虚拟时代很重要。神学院合作社是一种设想，但起源于一个地方——神学院地下室的合作社。如今，神学院合作社早已不再是一个合作社，也不再位于神学院的地下室，而是坐落在芝加哥海德公园这一建筑风格丰富的街区中的某个最不起眼的建筑物内。也许未来的某一天，这种环境会像半个世纪前那裸露的管道、低矮的天花板和绝对朴素的入口一样，赋予神学院合作社某种独特的魅力。

这家拥有五十年历史的书店已经成为世界上最好的严肃书店之一。搬迁提供了一个新契机，可以有意识地重建最初因空间的局限性而非刻意的设计而有机发展起来的书店。虽然很 19
少会有人否认旧址的奇妙特质，但老顾客对一些不便之处也耿耿于怀：危险的楼梯井、阴森的排水管、不适的窒闷感，以及因过道狭窄而需要办理存包手续的麻烦（不过，许多人仍然满心欢喜地回忆起当初寄存包裹的标号衣夹）。我们最好记住，神学院的建筑虽很雄伟，但地下室一直质朴无华。

法国哲学家加斯东·巴什拉（Gaston Bachelard）在激动人心的著作《空间的诗学》（*The Poetics of Space*）中，研究了他所谓“幸福空间”的想象价值。为了确定“我们喜爱的空间”的价值，他这么写道：“被想象力所把握的空间不再受测量和估算思维的支配，也不再是冷漠无情的空间，而是被人们……在想象力的全部偏好中体验。”[1]

当神学院合作社确定需要搬离芝加哥神学院时，塞拉和合作社所在的社区开始思考一个问题：一家世界级的严肃书店必须具备哪些品质？他们明白首先需要打造一个专门用于书籍的空间，也明白博览群书是这一空间所支持的主要活动，更明白能使读者沉浸其中至关重要。

建筑师斯坦利·泰格曼在设计全新的神学院合作社时，负责解决这两个问题。他认识到在浏览书籍时迷失方向的力量，于是决定重现当初老书店随意的架构风格——在连建筑师、室内设计师（甚至消防员）都无法想象的空间里建成一家书店。据他所说，让顾客感到困惑并在书架间迷失方向是落实合作社这一理念的必要条件。

老书店有一种不确定和不完美的特质，反映了人类状况的不确定性和不完美性；而泰格曼有意在新书店中复刻这两种特质。
20 在2019年，即他去世的前几年，他表示，在为合作社建造新家时，尝试创造“一些不完美的元素，一些永远不会完工的元素”。[2]他的这些理念完全可以为任何一家好书店在制定蓝图时所借鉴。

泰格曼于1991年加入合作社，他深信建筑代表着一种道德追求，明白好书店与内在品质息息相关。人们在书店之中穿行，沉浸于浏览之中，会感觉自己置身于心灵本身之中。是宇宙的心灵？还是上帝的心灵？这完全取决于我们的想象。当转向自己的内心时，许多人会发现书店这一空间对于自我反思有着特别积极的意义。

记者杰米·卡尔文（Jamie Kalven）很喜爱合作社书店，他认为书店的形态类似于一种文学形式。[3]反流派作家玛

丽·卡佩洛（Mary Cappello）在谈到讲座形式时，将其称为
“尚未追求的并置”[4]与“在自身的迷惘中迷失的必要性”[5]，
书店通过这种形式提供了深入的见解。书店还会像哪些其他的 21
文学形式呢？

也许，书店就像一部百科全书，将我们所有的知识汇集在一个地方。也许，书店像《淮南子》——一部公元2世纪的皇帝手册，汇集了世界上一切已知的事物，包括天文、自然、时间、空间、人类意识、修身之道、圣贤的特征，以及治理的实用举措。聪慧的皇帝熟读《淮南子》，能专注于小到“秋毫之末，而大宇宙之总”[6]。

也许，书店像一本选集——一本思想、故事、习俗的汇
编——是藏书家的宝典。也许，书店更像蒙田所擅长的散文：
思想在漫步，一会儿思考这个，一会儿琢磨那个，希望通过一
连串游荡的思绪勾勒出一个问题。虽然散文在字面上可能意味
着一种尝试，而且暗含了失败之意，但散文的价值恰恰源于提
问，而非回答。散文包含了许多真理，但终极真理并非散文的
追求。蒙田在自己的图书馆里写道：“我随意翻阅一本又一本
书籍，没有顺序，也没有计划，只有零碎的片段。”[7]如果将书
店比作散文这一文学形式的话，那么片段便是书籍。 22

也许，书店像书商的一本杂记本。书商就像读者编辑着自己的杂记本一样，考量着各式各样的作品。他们先是以一种

无法量化和违背科学的方式进行筛选，接着根据分类学的原则进行整理。这些原则具有相对的内在逻辑，但绝不是一成不变的。最终，书商会在多方面权衡的基础上，确保书架上只留有经过精挑细选的最佳书籍。

也许，书店就像随笔。顾名思义，随笔的字面意思便是“随手而写”。11世纪，日本著名女作家清少纳言的《枕草子》开启了随笔的伟大传统；14世纪，随笔在吉田兼好的笔下达到了类似书店的形式。吉田兼好明白，“随笔会唤醒你，让你踏上一段旅行，无论目的地会是哪里”。[8]在一系列反思和漫游中，他“随性地记录下每一个”进入脑海的“荒谬想法”。随笔与散文类似，以沉思默想为乐事，并不追求问题的答案。吉田兼好写道：“生命中最珍贵的东西，就是不确定性。”[9]

吉田兼好和斯坦利·泰格曼一样相信，千篇一律是不可取的。他写道：

> 留下一些不完整之处不仅会增添趣味，还能给人留下一种尚有成长空间的感受。有人曾经告诉我：“即使建造皇宫，工人们也总会留出一处未完工的地方。”即使在佛教和儒家的古代哲学著作中，也有许多缺失的
> 23 章节。[10]

如果正如19世纪的随笔家石原正明所描述的那样，随笔是“一个人的所见、所闻、所说和所想，无论是轻浮的还是严肃的，只要是在脑海中浮现的”内容的记录，那么，书店这一空间的文学形式也许是由读者的注意力和脑海中涌现出来的各种思绪和构成的，这些思绪混合了文献、闲思、个人记忆的索引、他人的诗行和转瞬即逝的感官体验；而读者们的注意力又是弥散的，却仍然能以某种方式聚焦，就像这些想法随着笔尖游走一般。研究日本历史的学者史蒂文·卡特曾翻译和编辑了一本随笔集，他写道：“书籍如同河中相互交融的水流。这一比喻是再恰当不过的了，因为很多书籍本身就是杂乱无章的。”[11]

在书店浏览的艺术

好书店虽然销售图书，但如果你愿意的话，它的主要产品是“浏览的体验”。直到1870年，诗人和散文家詹姆斯·拉塞尔·洛威尔在提及约翰·德莱顿的阅读时，使用了“浏览”(browse）一词，而这一单词主要有反刍和沉思之意。根据《牛津英语词典》的释义，“浏览”一词是在这一语境中最早出现的书面文字之一。“我们由此可以窥见德莱顿的阅读习惯。他总是一个随意的读者——他在父亲的图书馆里，从清教徒神 24

学的残根和荆棘中，艰辛地四处汲取适合自己的零星养分。”[12]后来，洛威尔在提及德国博学大师G. E. 莱辛时写道：“大多数知识渊博的人都与单纯的学者截然不同，莱辛也不例外。他似乎一直是一位相当不加选择的读者，而且他和德莱顿一样，喜欢在图书馆里‘浏览’。”[13]

浏览的一大好处是能唤起思想反刍。无论是书店、图书馆还是私家藏书，营造一个有意收集资料以激发智识和文学的空间，一个全心全意致力于书籍的空间，是为了理解反刍和反思活动所带来的满足感。毕竟，“我们都是反刍动物，”约翰·洛克在谈到思考与阅读的关系时这样写道，“仅仅把一大堆藏书塞进自己的肚子里是远远不够的；除非我们反复咀嚼，否则无法从书籍中汲取能量和养分。”[14]

更直白地说，浏览就是一种思想反刍的形式。书籍就像树叶和灌木一样，为身为反刍动物的读者提供着营养。怀着好奇和兼收并蓄的心情，一边在书店浏览，一边反复琢磨着自己的思想，这是多么无与伦比的活动啊！即使是为了促进良好的消化，书店也需要提供有益于悠闲式沉思的空间。

25 身为书商的我们希望看到一种变化：读者一进入书店，就把日常生活中的问题抛在门外，仿佛进入了一个思想充盈的空间。我们知道创造和封闭这个空间是自身的责任，我们欢迎每一个人的光临，但也拒绝一些事物的进入。这是一个只有书籍的天地。所有藏书的存在都有一个共性：为饥渴心灵（过去的书商为明尼苏达州圣保罗市的传奇书店取的名字）创造一片牧场。

浏览有很多种形式，浏览者同样有很多种类型。据书商们的不完全统计，浏览者名单上有在书架间徘徊、观摩、逗留、踱步的**漫游者**；有从一粒细砂中看到一整个世界的**矶鹬**；有宣布摆放在前桌（front table）上的书页间最新消息的**城镇公告员**；有来回咀嚼的**沉思者**；有追求智慧的**朝圣者**，他们并不知道何为智慧，也不知道上哪寻觅，但一心想要找到；有不分季节、每日祈祷的**信徒**；有现在正在寻求救赎或至少是宽恕的**忏悔者**（他们为自己没有按照应有的方式生活而后悔）；有反复阅读的**重写者**，他们深知每一次复读都会留下不可思议的印记；有信赖自己的感官去识别美味食材的**厨师**；有**新人**，虽然他们还不了解书店习俗，但渴望能很快
融入其中；有密切观察夜空的**占星师**；有誓要征服书架的**将** 26
军；还有只想在书本中消磨时光的**闲散之人**。

莫利是图书销售业最伟大的拥护者之一，他哀叹大多数养成逛书店习惯的人还没有理解书店的用途。他知道，由

书籍构成的空间是为闲逛的读者在书架间浏览、思考各种问题而设计的。他将书店视为一件伟大的乐器，并对“人们主要是为了寻找某个明确的标题”而走进书店表示惋惜，因为他认为这样的做法就像由业余爱好者弹奏乐器一般。莫利继续说道：

> 难道我们永远不会相信天意、好运或者一位睿智书商的幸福建议吗？我们与书店有太多的过往，这些经历都让我想起了儿童初学钢琴时对效率的懵懂无知。每当我心情舒缓的时候，脑海中总能浮现孩子们在琴键上愉快弹奏的画面，他们的小曲和练习曲也会在耳边回荡，提醒着我生活中所有美妙而未完成的旋律。然而，在鉴赏家看来，儿童的弹奏绝不是所谓音乐。[15]

书店的**鉴赏家**培养出了自身独特的风格。他们学会了离题思考，懂得为灵感和抱负留出一些空间。

对于那些沉浸于书店这一乐器的人来说，巨大的乐趣正在等待着他们探索。13世纪，迈蒙尼德学派的代表人物塞缪尔·伊本·蒂本在描述浏览时写道：“当你的灵魂既满
27 足又疲倦，就从一座花园走到另一座花园，从一条犁沟走到另一条犁沟，从一片景象走到另一片景象。这样，你的

欲望将得以更新，你的灵魂也将因愉悦而满足。”此外，伊本·蒂本还恰如其分地阐明了书商的立场：“让你的书柜和书架成为你的花园和乐园，在里面采摘成熟的果实，收集玫瑰、香料和没药。”[16]在他的眼里，书堆是一片绿意犹存的乐土。

漫步一直以来都是思想反刍的途径之一。大哲学家亚里士多德是“柏拉图最名副其实的弟子”，他离开了柏拉图学园，甚至以漫步为灵感，创立了自己的学派。根据第狄奥根尼·拉尔修斯（Diogenes Laertius）的记载，亚里士多德“选择在学园里与学生一边来回散步，一边公开讨论哲学”。[17]我想象着亚里士多德的知识分子后裔——逍遥学派的当代子弟们——在合作社的弯曲过道中漫步，讨论伦理人生，倾听大师的智慧，领悟价值之源：“没人愿意过百善俱全而独缺朋友的生活。”[18]

伊壁鸠鲁认为，最高尚的人“最关心智慧和友谊”。[19]他创办的学校以花园为名，入口上方的告示牌上写着一句话：“陌生人，你将在此地过上舒适的生活。在这里，享乐乃是至善之事。”[20]2014年，神学院合作社书店将这句题词定为我们的指导原则。没有什么是比智慧和友谊——那些伊壁鸠鲁式的享乐——更伟大的追求了。 28

虽然地理位置十分重要，但是对空间的使用才能创造文化和意义。老芝加哥神学院大楼的地下室本身并不引人注目，却成为许多人心目中神奇的书籍迷宫，也许同样可以被称作一种文学形式。但现在已时过境迁，这个地下室成了芝加哥大学经济系和贝克尔–弗里德曼经济研究所的教室。过去为创建神学院合作社的学生提供餐食的自助餐厅，在现在的神学院合作社书店的分散的书架间已不复存在；旧的、地下的神学院合作社在当初的空间里也几乎没有留下任何遗迹。一些怀旧的知情人士兴许还能辨认出当初的入口，他们过去经常从那里踏入最不可思议之地——既狭窄又广阔的书洞（过道狭窄；书架广阔）。然而，除非经济系开放教学楼的大门，否则他们将无法进入地下室。但他们即使获准进去了，也只能发现一条宽敞明亮的过道。这与激励了一代又一代读者的拥挤迷宫毫无相似之处，甚至显得平淡无奇——这倒与1961年建成书店之前的场
29 景没有太大的差别。

一家好书店，就像一所好大学一样，并不一定需要属于特定的地点。如果书店能吸引文人、鉴赏家、好奇和博学之人纷至沓来，那么它将会成为一个发现和思考的空间，一个思想反刍者的庇护所。我们可以借用加斯东·巴什拉的话来说，

“被想象力所把握的空间不再受测量和估算思维的支配，也不再是冷漠无情的空间”。[21]不过，想象力也是随身携带的，书店不可估量的价值并非受限于地理位置。

阿尔维托·曼古埃尔是一位模范读者和极爱读书的作家。他在个人的阅读史中，讲述了10世纪波斯帝国的大宰相阿卜杜勒·卡西姆·伊斯梅尔的故事：伊斯梅尔不仅带着400头满载着117 000本书的骆驼远行，而且还巧妙地训练了骆驼按照字母顺序分群行进，以防藏书落入暴君之手。[22]

十万本书被专业地从大学路搬运到了伍德朗路，填满了新神学院合作社书店里精心设计的书架。搬迁仪式可能看起来有些“愚蠢”（尤其是明显构思过的环节），但考虑到这家书店的声誉以及对社区的意义，进行某种形式的仪式似乎是恰如其分的。一些作者带着责任感和自豪感，手捧特意挑选的作品，象征性地率先入驻新书店（其他大量书籍则由专业搬运工按照字母顺序依次搬进书店）。比如，哲学家乔纳森·李尔 30
带来了他的《一个反讽个案》（*A Case for Irony*）；学者肯尼思·沃伦带来了《什么是非裔美国文学？》（*What Was African American Literature?*）。作者扮演了祭司的角色，引领着会众奔赴新寺庙，用他们的法器和书籍为新空间祝圣。现在，社区获得了将他们对精神生活的崇拜带到新神学院合作社的许可。

小说家、正直的文学公民亚历山大·黑蒙在神学院合作社盛大的开幕仪式上发表了主题演讲。他既颂扬了过去的空间，也指出了当天的目标：为书籍空间祝圣。他的颂词让我们回想起：

> 那低矮的天花板上装有暖气的管道，没有窗户，空间狭小，那些能够深度阅读之人甘愿忍受任何不堪的条件，一心只求获得书籍所能带来的那种崇高感。旧书店就像一个隐蔽的鸦片窟，难以被找到，你不可能碰巧路过它，除非你的“读瘾”敦促着你不断去寻觅这一目的地。虽然旧书店的灯光还没有昏暗到人们可以吸食鸦片的地步，但其布局既不利于空气的流通，也不利于顾客的走动。[23]

正如黑蒙知晓的那样，这种瘾不仅仅是对阅读或购买图书的瘾，更是对在书架间浏览的瘾。我们追求的是一种有益身心的陶醉感，而这种特殊的陶醉感源自伊壁鸠鲁花园式的愉悦
31 之地。因此，在2013年，这家书店不仅具有保存的价值，还值得人们的祝圣和重新构想。

财神降临

一些愤世嫉俗的人观察到，财神现在降临到那座曾经为神学院学生举行礼拜仪式的大教堂——彩色玻璃依旧完好

无损——芝加哥大学经济系目前正在其中举办研讨会，培育着未来的经济学家。经济学家米尔顿·弗里德曼（Milton Friedman）和加里·贝克尔（Gary Becker）都是神学院合作社的常客和长期股东（贝克尔-弗里德曼经济研究所就是以他们的名字命名的）。他们曾经都在那栋楼地下室的书架间浏览了很长时间，现在他们的诺贝尔奖章就陈列在地下一层的玻璃柜里。

也许，经济学家可以帮助我们创造一种不同的经营模式。书店的经营模式辜负了我们，而不是我们辜负了它。虽然书店不再是购买图书最便利和最划算的场所，但图书销售一直都是书店服务中最无趣的环节之一。至少在优秀的严肃书店里，价值在于置身于书籍之中的体验——任何带着好奇心和时间进入这一空间的人都能获得的体验。

最终的收益并不是发现我们自以为需要的信息，而是遇到尚未遇到的东西。虽然算法可能会根据我们过去的阅读史和广告商的诱导，向我们推荐我们可能会喜欢的书，但没有什么能取代浏览的作用，因为我们在浏览的过程中不仅可以发现自己是谁，还可以发现自己可能会成为谁。 32

会员制合作社的建立初衷是向股东派发股息红利。即使我们的合作社曾经在这方面有所建树——自1990年代初以来没有取得成效——这种运营结构也显然没有抓住要点。如果我们的目标是提供文化价值——一种不同类型的“红利”，以及如果我们的目标属于所有认为我们可能为他们提供某些东西的人，那么我们就应该围绕这些目标，明确阐述使命，调整运营结构。

鉴于运营结构的局限性，我们就像在开发旧空间时所做的那样，在受到严重约束的结构上嫁接了一个清晰的愿景。我们抓住了这次搬迁的机会，打造了一个更经深思熟虑的结构。我们知道，书店必须植根于社区，因此书店的结构应该反映公共利益；我们知道，产品就是空间本身——正是书籍塑造了浏览的空间——但没有一种零售模式有利于书店维护珍贵的藏书；*我们还知道，全新的模式不仅应该准确描述我们的初衷，还应该永远支持我们的使命和书店的长期盈利。

2019年，在时任神学院合作社董事会主席沃伦主持的一
33 次会议上，出席会议的股东们一致投票决定，将合作社从会员制转型为第一家以图书销售为使命的非营利书店。

小裂缝

迷失在茫茫书海中的读者就像一位位淘金者，沉浸于一

* 例如，我们心爱的“洛布古典丛书”虽有标价，但都是亏本出售的。

本书的读者亦是如此。约翰·罗斯金谈到世界的运转方式时，提醒我们：在书页上散播着点滴智慧的作家只是在遵循自然法则而已。他描述了一种读者们都很熟悉的现象：所有的智慧都包含一种沉默，而一个人只有在经历一阵缄默不言的思索后，才可获得智慧的回馈。罗斯金把智慧比作黄金，称黄金为“智慧的物质性象征”；他认为地球的电场完全可以将黄金凝聚到一地，人们就可以快速采集金矿，铸造货币。但是，“大自然并没有选择这样做”，他这样写道：“她把黄金埋进地球数不尽的小裂缝里，谁也不知道哪一个小裂缝之中藏有黄金：你很可能挖了很深，却一无所获；但你必须付出艰辛的劳作，才能有所收获。”[24]

当经验丰富的浏览者走进一家好书店时，情况也是一样的。他们寻求回报——希望自己不虚此行——正如罗斯金所说的那样，他们已经研发出了一套独到的策略来勘察岩石和裂缝。他告诉我们，在翻开一本书时，必须扪心自问：“我的铁 34
锄和铁锹都好用吗？我的身体状态好吗？我的衣袖卷高了吗？我的呼吸是否顺畅？我的心情是否愉悦？”[25]对于浏览者而言，他们在书店里挖掘他们所寻找的黄金之前，的确会这样问自己。赫拉克利特（Heraclitus）曾经说过：“淘金者挖出了许多土，才能找到一丁点金子。”[26]但在书店，就像任何值得一做的事情一样，努力本身也是回报。

英国政治家和作家霍勒斯·沃波尔（Horace Walpole）首次使用了“偶然性”（serendipity）*一词，并将其称为“意外的智慧”，意思是“发现了一个本无意寻找的事物”。[27]学者肖恩·西尔弗（Sean Silver）将这种意外发现的经历解释为“在找寻的过程中发现了其他有益的事物”；他探讨了这一概念由来已久的吸引力（显然早于沃波尔对这一概念的创造）。“如若我们能将这个概念系统化，”西尔弗设想了论点的展开，“将其从隐藏之处引诱出来，或者以其他方式使其显现；如若我们能准备相应的条件，或者培养有利于遇到这一经历的心态——那么，潜在的回报将显而易见。”[28]但罗斯金很可能会这样回应：“但大自然不会这样安排。”[29]

偶然性也许并不像沃波尔说的那么偶然。小说家罗伯特·穆齐尔（Robert Musil）在他的代表作《没有个性的人》
35 中，深刻思考了如何在一个不确定的世界中追求确定性。穆齐尔“竭力以文学的形式刻画了一个思考的人”。他这样写道：

> 当有人问一位伟大的科学家究竟如何能想出如此

* serendipity可译为“意外发现”或“机缘巧合”。——译注

> 之多新颖的想法时，他回答“因为我从来没有停止过思考”。完全可以有把握地说，意想不到的洞见之所以会出现，没有别的原因，只因为它们是意料之中的。[30]

简而言之，看似意外的现象往往是深思熟虑的结果。

聪明的读者常常能在正确的时间找到正确的书，这是他们独特的天赋。他们是经验丰富的淘金者，早已领悟到智慧很少会给予不相称的回报。在某种程度上，新发现之所以出现，只是因为我们一直都在追寻。就是这么简单。如果意外发现指的是在找寻的过程中发现了其他有益的事物，那么专家级别的读者甚至都不必费心去考虑有其他事物需要寻找。

对**闲散之人**来说，就像对**流浪者**来说，漫步本身就是目的。他们不仅对接下来可能会发生的一切都抱有好奇心，对任何可能出现的事物都持开放的态度，而且坚信无论遇到什么事情，都会将其视为一段有趣的经历。**闲散之人**凝望着书堆的面貌，无须更多的刺激，就可以在愉快的遐想中消磨时光。

朝圣者孜孜不倦地追求连他们自己都尚未知晓的事物；读
者在书籍中寻觅属于自己的道路，这同样可能是一种探索。他 36
们渴望而急切地搜寻着，并感到——或许是一种信念——在某一个角落，在下一个隐秘之处，将会有**那么**一本应时的书籍映入眼帘。此刻，这位热爱阅读的淘金者正全神贯注地度过时光。

大多数时候，书商默默无闻地工作着，打造出恰到好处的环境。这是一种独特的图书销售方式，书商以其隐形性而自豪。

有些闲散的形式反倒能激发活力，有些生产力形式却是对活力的浪费。一些书店特别创建了无手机区。这意味着很多人已经认识到，每天都花费太多的时间搜索毫无价值的内容，浏览转瞬即逝的碎片信息，我们的活力就这样被虚无的空洞所消耗；书店的存在则代表着一个专注于更有意义的事情的机会。好书店营造了一种环境，而这种环境本身就是抗拒“数字干扰”的论据，它提醒着人们：漫无目的的注意力能带来多大的兴奋感和满足感。虽然滑动手机屏幕类似于翻阅书籍，但在这个狂躁且注意力分散的时代，高质量的书店浏览如同一抹迅速褪色的青翠，正在急转直下地丧失其吸引力。

思想反刍能同时集中和分散注意力。这种思考方式使人从自我中脱离出来，以便回归自我。思想反刍既是一种手段，又是一种目的；思想的反刍虽然只能持续短暂的时间，但能带
37 来长久的愉悦。作为一种思维习惯，思想反刍既能带来理性与直觉，又能带来专注与闲散，还能引发投入与超然。我们在进

行思想反刍时，不仅能浮游于已知的深度之上，还能定期潜入其中并进行深度探索。

我们在那些遍布人际关系网的各种景观中穿行，并不断沉浸其中。透过这些关系网，我们发展出对自己和他人，以及我们在世界上的集体位置的认识。在考量这个不断涌现的感知世界时，我们的所谓“景观”成了我们衡量自身的标准。小说家玛丽莲·罗宾逊写道，社区提供的最佳服务莫过于带给成员一种可能性的希望；而关闭这种可能性则是一个吝啬社区所提供的巨大不利服务。[31]对于那些熟悉书店的人来说，书籍空间便是一个社区可以向公民提供的慷慨典范。

邻近关系

法国小说家乔治·佩雷克（Georges Perec）所描述的图书馆的双重问题，同样也是书店的双重问题：“首先是空间问题，然后是秩序问题。”佩雷克明确表示，他指的并不是“对个体官僚主义的狭隘诱惑：每个地方都有各自的事务，而且每个地方的事务都是毫不相干的”。[32]他希望容许意外发现的出现。 38

我们希望看到，书店的浏览者会对书籍的分类和排列感到兴奋和惊喜，而不会感到有些困惑。斯坦利·泰格曼构建了内部结构，但书商规划了神学院合作社的书籍分类。在各个分区的架构中，存在着一种明智的模糊性，就像书架本身的结构一样，不禁让人想起华莱士·史蒂文斯眼中的理想诗歌："诗歌必须近乎成功地与智慧对抗。"[33]

书商的分类法往往构成了书店身份的一部分，如何整理藏书则决定了浏览的逻辑性和意外性。阿尔维托·曼古埃尔告诉我们，苏美尔人把编目员称为"宇宙的规划者"。[34]温迪·多尼格（Wendy Doniger）是一位印度学研究的先驱人物，自1978年以来一直是合作社的成员。温迪认为杰克·塞拉就是这样一位规划者，她评论了塞拉将宗教史书籍放入人类学专区的举措："我们把宗教史和人类学区分开来的所有努力都失败了。如果杰克认为这两门学科别无二致，那它们就是一回事。"[35]

乔治·佩雷克带着"潜在文学工场"*的逻辑性和玩乐性，
39 探索了书籍整理的艺术。**

* 潜在文学工场（Oulipo），一个成立于1960年代的法国文学派别，目标是通过限制创作过程中的某些元素，来激发创作者的想象力和创造力。他们相信通过限制可以产生更有趣、更独特和更富有挑战性的文学作品。——译注

** 佩雷克为了表达他的承诺，在"死前必做之事"清单上列出的第三件事便是"最后一次整理我的书架"。

在博尔赫斯的故事中，图书馆员在寻觅一本能打开所有书籍的钥匙之书。我们也同样如此，在尽善尽美的幻觉与不可企及的眩晕之间摇摆不定。我们在尽善尽美的名义下，愿意相信存在一种独特的秩序，赋予我们一口气查阅所有知识的权利；我们在不可企及的名义下，愿意相信有序和无序实际上是同一个词，表示一种纯粹的偶然性。[36]

这样独特的秩序显然并不存在。然而，编目的艺术中蕴含着一些公理：

尽管所有的分类有其内在逻辑，

但它们或多或少都有武断的一面。

佩雷克列出了读者整理书籍的十一种方式：颜色、设计、流派、装订、系列、语言、大洲或国家的字母顺序、文学史上的主要时期、购买日期、出版日期，以及日后阅读的优先级。[37]

在我认识的一些读者中，一些人会根据出版商、尺寸大小、地理位置、阅读日期、作者的出生年份，当然还有经典的方法——按作者的字母顺序来整理书籍。作家乔纳森·斯威夫特（Jonathan Swift）精心整理了自己的藏书楼，是为了给访客留下深刻印象，希望他们像阅读一本书那样阅读这些
40 藏书。[38]

所有的分类都会引发邻近关系。

按照字母顺序排列的作用是方便确定特定书籍的位置。无论如何，书店必须确保“读以致用”的读者可以轻而易举地找到所需的书籍；与此同时，书店还需要继续兼顾期待着意外发现的读者。然而，字母顺序的陈列布局是为那些想要被书籍所环绕的人而设计的，他们想要置身于由书籍构筑的摇篮之中。大佛次郎就是其中之一，他为自己的藏书设计了一张床：“从床头到床脚，包括床的两侧，都是书架。”他在随笔中写道：“书架上摆满了书，我只需伸出手，就能拿到我喜欢的书。”他坦白道：“在阅读一本难读的书时，打盹的愉悦也是一种天真的快乐。”这表明他显然在床上既读书又打盹。然而，他已经无法确定这张床是为他而存在，还是为书而存在了。[39]

读者一一浏览着书脊，那些字母顺序的排列并没有削弱邻近关系的巧合性。村上春树、罗伯特 · 穆齐尔、托妮 · 莫里森、巴拉蒂 · 穆克吉（Bharati Mukherjee）、爱丽丝 · 门罗、

爱丽丝·默多克（Iris Murdoch）、艾伯特·默里（Albert Murray）、弗拉基米尔·纳博科夫和R. K.纳拉扬（R. K. Narayan）的著作不太可能会成为邻居。光顾一家好书店的读者会发现，书架上摆放着以上每位作家的精选作品。

虽然书商会在特定的专区根据字母顺序排列书籍，但还有不断细化和完善的空间。例如，哲学区大多会涵盖该学科的全部种类，包括畅销类、专业类、技术类著作以及主次要 41
文献；或者哲学书籍的分类可以被进一步具体化，从而帮助热爱智慧的人通过认识论、逻辑学、伦理学、形而上学或美学，抽丝剥茧地思考哲学的各大分支；哲学书籍还可以根据思想流派来进行分类，诸如柏拉图主义、犬儒主义、伊壁鸠鲁主义、斯多葛主义、经验主义、唯心主义、人文主义、实用主义和存在主义等。

我个人喜欢想象一家书店以其他书籍命名哲学藏书的各个类别。如果我们可以根据已失传的亚里士多德著作创建一个书籍体系，那么像“哲学训诫”“论存在和论影响”“论争议”“论理念”“解决争议的对策”“论理想与偶然”“类比”“命题”“争议性命题”和“餐桌礼仪”这样的书籍区就可以构成尚未追求的并置，这将令逍遥学派的现代门徒感到愉悦。[40]

通用的分类法是不可信的。

书商不必遵从学术学科、杜威十进制分类法[*]、图书行业标准和通信（BISAC）分类法和美国国会图书馆的指导，但我们确实在这些方法的指导下帮助读者搜寻书籍。这就是分类学的唯一目的。关于知识的类型和领域，没有比分类学更宏大
42 的声明了。像西雅图的菲尼书店（Phinney Books），这样小巧且私密的书店只保留了两个分区："虚构"和"真实"。这是克劳迪娅·兰金（Claudia Rankine）、艾略特·温伯格（Eliot Weinberger）、瓦莱里娅·路易塞利（Valeria Luiselli）等多位作家所难以接受的分类。

位于旧金山湾区的城市之光书店（City Lights Booksellers）设立了"证据""激进的黑人想象""纯文学""被盗的大陆""披露丑闻"等书籍分区。麦克纳利·杰克森书店（McNally Jackson）按照地理区域对文学进行分类，甚至比城市之光书店的分类法更加具体。不过，前者显然从后者那里汲取了灵感，开设了"现象""当下""逃离"和"如何在世界上存在"等类别。即使这些分类乍一看似乎很是奇怪，

* 一种图书馆图书分类系统，由美国图书馆学家梅尔维尔·杜威于1876年发明。该系统将知识领域划分为十个主要类别，每个类别又进一步细分为十个次类别，以十进制数表示。——译注

但读者可以信任书商为了激发浏览兴趣而构建的各类藏书集合。

也许，一家书店可以基于艾略特·温伯格的优秀书单“参考书目（云书架）”创建一个书籍体系，其中可能会包括“修炼真性的神秘笔记”“不朽人物的传记”“关于极乐之地的真相大全”“论太虚之中的心灵深处”“养生的要领”“五大行星赞美诗”“复活的奇妙诗节”“藏在枕头里的笔记”“敲地而作的诗”“宁静之时的谜题”和“论坐忘的艺术”等书籍区。[41]
我和书商同僚们对这些分类的思考自然不尽相同，但我们无疑 43
对书区的分类集合拥有丰富的选择。

重新分类后的集合

会创造焕然一新、恰到好处的组合。

优秀的图书销售要求我们不断重新评估由编目原则产生的邻近关系。传奇书商保罗·山崎（Paul Yamazaki）在美国最好的书店之一——崇高的城市之光书店——工作了五十多年之久，他表示“一家书店类似一片汪洋，表面可能看上去毫无波澜；但如果你是一个细心的观察者，会发现内部总是暗流涌动”。[42]

2015年，我们不仅新增了比较宗教学和印度教的书区，而且分别细化了人类学和南亚史的书区。心理学家威廉·詹姆斯（William James）、宗教史家米尔恰·伊利亚德（Mircea Eliade）和宗教学家凯伦·阿姆斯特朗（Karen Armstrong）的作品彼此为伴，一侧的“世界宗教史”与“人类学”“哲学”左右为邻，共同呈现了一批世界上最古老、最丰富的人类信仰。现在，温迪·多尼格教授的学生拥有了专业对口的浏览之地。

集合的分类是没有终点的。

博尔赫斯曾经说过:“世间万物并非天然建造于石头之上，而是立于沙土之上。但我们的职责是，视沙土为石头来建
44 造。”[43]尽管我们脚下的土地将会发生变动，但我们将本着一种命题的精神呈现目前的分类法，仅仅旨在说明这种分组有利于建造有趣的发现之地。当然，正如阿尔维托·曼古埃尔所言，我们明白“每个图书馆都是一个书籍的偏好之馆，而且选择一种分类就意味着排除另一种分类”。[44]我们的工作就是通过选择和组合，整理杂乱无章的书籍旷野。

作为书商，我们希望创造某种秩序，营造愉悦的浏览体验。这显然是两股相辅相成的冲动。但正如曼古埃尔所指出的那样，我们也明白“无论选择何种分类，每个图书馆都对阅读行为施行专制统治，强迫读者——好奇的读者与机警的读者——将书籍从强行绑定的类别中**拯救**出来”。[45]每一本书

籍最初都是凭借其在书海中的位置被发现，接着与其他书籍分离，最后被单独阅读，由此为读者所认知；然而，所有书籍只有通过与其他书籍的关联，才能真正被读者发现。

人类思想的无限浩瀚集于一处

对于大多数书商来说，书本的风景往往就足够了，我们在书籍之外的空间别无所求。

斯坦利·泰格曼对这一点深有体会，他说："所需要的是，随处可读的书籍。"为了实现这一目标，他设计了一系列"象征性空洞"，其多边形组合排列的方式构成了一座迷宫；这些 45
人形空洞的"窗口"发挥了"美人计"的作用，诱惑着顾客走进下一个空间。[46]

阿莱娜·琼斯是神学院合作社的经理，也是乔纳森·李尔在招聘广告中所描述的"献身于一家书店的灵魂"之一。她根据书店的筛选和组织，想到了艺术家詹姆斯·特瑞尔（James Turrell）的"天空之境"系列作品（Skyspaces）的象征性空洞：特瑞尔在房顶露出一方天空，邀请观众坐在其下观赏。琼斯这样写道：

> 无垠的天空被切分成完全不同的尺寸呈现在我们的面

> 前，但其无限性和深刻的品质并没有受到限制和束缚。相反，我们因此得以在一个更小的空间里目睹天空的高度，从而获得一个人类尺度的切入点，不至于在面对天空的无限浩瀚时感到不知所措。[47]

“天空之境”启发我们，通过框定广阔的开放空间，建立联系，精确视角，加深理解。“书店也在做着相似的事情，”琼斯观察到，“它将无限浩瀚的人类思想汇聚于一个空间中。”

> 你可以接触到一些崇高到完全超越渺小身躯之物，
> 46 成为这个遍布新联系的有限空间的一分子。那些原本在你眼里平凡无奇的事物在与那些真正感动过你的事物相互接近后，被赋予了创意和意义。你成了构建这些联系的关键节点，观察着一个精密的构造从你过去所认知的单调思维平面中浮现。你在书店里停留的时间越长，那无限浩瀚就会变得越发复杂，越发多样，却又越发统一。长时间抬头凝视“天空之境”既不会让你看到天空的全貌，也不会让你获得对天空的所有洞见；长时间在书店里搜寻，同样也不会让你穷尽蕴藏在书店中的各种理念。你收获的认识只是在你的面前不

断显露；而这种显露始于构建空间的具体过程与专注的凝视。[48]

阿莱娜·琼斯与书商同僚框定了自己的一亩三分地，邀请**观星者**在由书籍构成的星群中发现各自的星星。

薄地与厚地

乔治城大学的天主教牧师格雷戈里·申登（Gregory Schenden）在登上克罗帕特里克山（Croagh Patrick）后，谈到了当他望见远处的克鲁湾（Clew Bay）群岛时，心生了一种超然的感觉。他的朋友费格斯向他介绍了凯尔特人的“薄地”（Thin Places）这一概念：“在地球之上似乎更接近天堂的真实之地。”申登在试图理解究竟是什么让一个地方变“薄”的过程中，认识到了凯尔特人最初接受宗教和世俗之地并存：“我 47
们发现自己置身于更伟大的事物之中，并因此而成为更真实的自己。”接着，他将美国历史上最悠久、最坚定的两家严肃书店——神学院合作社书店和城市之光书店——称为“薄地”，表示人们可能会“在这类书店的书架间迷失，感受时间消失在更宏大的事物之中”。[49]

我也曾有过这样的书店体验。无论是在旧金山市城市之光书店的诗歌室里从A区到Z区逛一遍，还是在纽约市线绳书店（Strand Books）的地下室里发现纪实文学的一个新分区，抑或是漫步于伯克利市摩尔书店（Moe's Books）三楼广阔的哲学区和宗教区，抑或是在底特律市苏尔斯书店（Source Booksellers）*愉快地一口气浏览所有的藏书，这些书店都毫无疑问地让我产生了某种接近天堂的体验。

48 如果有薄地，那意味着必然也有厚地的存在。梭罗曾描述过一种对我们的仁慈或敬虔之心有害的厚地。“我们在邮局相遇，”他写道，“在社交场合相聚，每天晚上在火炉旁围坐；我们生活得很稠厚，相互妨碍，相互磕绊。我认为，我们都因此或多或少失去了对彼此的尊重。”[50]

也许，好书店是一个偶尔看起来像厚地的薄地——毕竟，书店集聚了大量的人、思想和书籍。尽管书店有时看起来很“稠厚”，但读者们并不会像梭罗所说的那样失去对彼此的尊重。当我们在书店中面对人类思想的无限浩瀚时，相互的妨碍虽可能随处发生，但这种与他人的相遇不仅迥然不同于稠厚的

---

* 许多最好的书商都是在书店里长大的，线绳书店和鲍威尔书店的现任书商已是第三代所有者。摩尔书店由摩尔和芭芭拉·莫斯科威茨共同创立，目前由他们的女儿多丽斯·莫斯科威茨所有和经营。麦克纳利·杰克森书店的创始人是莎拉·麦克纳利，她是加拿大麦克纳利·罗宾逊连锁书店的创始人霍利·麦克纳利和保罗·麦克纳利的女儿。珍妮特·韦伯斯特·琼斯是苏尔斯书店的创始人，她独一无二，充满灵感，目前与女儿艾莉森·特纳共同经营这家书店。

生活，反而有益于打造小说家、和平主义者尼科尔森·贝克（Nicholson Baker）心目中的神学院合作社——“一个和谐的书籍王国”。[51] 49

第二章

丰富性

世界是一本大书，而人是书的索引。

——约翰·多恩，

《在威廉·科克恩爵士葬礼上的布道》，

《约翰·多恩的布道》，

第189页

定律

1931年，数学家S. R.阮冈纳赞（S. R. Ranganathan）在马德拉斯担任了八年大学图书馆馆长后，阐明了在确立图书保护原则方面最具影响力的尝试之一。他发明了“图书馆学”（Library Science）这一术语，并提出了著名的“图书馆学五定律”（Five Laws of Library Science）：

1. 书是为了用的。

2. 每个读者有其书。

3. 每本书有其读者。

4. 节省读者的时间。

5. 图书馆是一个生长着的有机体。[1]

“图书馆学五定律”只需要稍加修改，就可以直接适用于图书销售的艺术。我们先前已经讨论过阅读装饰华丽的书籍有多么重要——书是为了用的。在第五章中，我提出了书商应 50
该尊重读者的时间，其中既包括时间的节省，也包括一定时间的付出。在本章中，我们将仔细探讨其他三条定律，并思考出版、书籍、书店和我们自身的丰富性。

我想添加第六条定律——“瓦尔堡的良邻定律”（Warburg’s Law of the Good Neighbor）。阿比·瓦尔堡是一个德国富裕家庭的后裔，也是文化研究图书馆（Library for Cultural Studies）的创始人。“根据瓦尔堡本人的说法，”[*]曼古埃尔解释道，“在大多数情况下，人们需要的并不是他们所熟悉的那本书，而位于同一书架上的陌生邻居往往持有关键的内

* 瓦尔堡的兄弟之妻是洛布家族的一员，她的哥哥詹姆斯创建了洛布古典图书馆，其中囊括了广泛的藏书，成了衡量好书店的标志之一。

容。”[2]如果我们想要理解图书销售的艺术和书商的运营，首先必须了解打造一家好书店所需要的识别能力和布置能力。

小说家伊塔洛·卡尔维诺认为，书籍之所以被书写，是为了“在假想的书架上占据一席之地”。书籍的存在“改变了书架”。[3]考虑周到的书商对这一点可谓心领神会。他们分别从书架、书柜、书区和书店思考，有意创造条件来揭示瓦尔堡定
51 律和图书馆学五定律的真相。

在我们继续讨论之前，我应该指出图书馆和书店之间的一些区别，因为我们的公共图书馆看似已经具备了书店的所有优点。诚然，图书馆的理想愿景——一个书籍资源丰富、向所有人开放、由图书专业人士（正在阅读的读者）打理的景观——与好书店作为沉思、浏览的场所的理想非常相近，但两者之间仍存在有意义的差异。其中，书店所培养的书籍与读者之间的独特关系是突出的差异之一。

图书馆在理想形式下并不会取代书店，而是为其提供绝佳的补充。书店的藏书通常基本是完整的，比起总是不完整的图书馆藏书更可靠。如果图书馆员做好他们的工作，在任何时候都会有很大一部分的藏书分散在社区中；如果书商做好他们

的工作，热销的图书会被快速补货，从而为浏览者恢复原定的藏书量。

拥有书籍与共享藏书各有其大不相同的优点。借阅者不得不在还书日之前快速阅读手头的书，以便下一位借阅者翻阅。书架上究竟需要有多少本书，阅读的时机才可成熟？如果我们不在一本书上亲手做笔记和注释，如果一本书不在我们的手边随时可供重读，那么我们如何才能正确地消化一本内容丰富、晦涩难懂或极具感染力的书呢？当我们没有书的所有权， 52
就会丧失某种亲密感。

更令人沮丧的是，许多图书馆都在随着时间的推移而不断发展，不再像以前那样是一个公共书库，转而更像一个综合的社区中心。从“图书馆学五定律”的演变中可以清楚地看出，这些定律已经适用于我们当前的图书馆和信息科学家。在2004年至2019年期间，不同版本的定律更广泛地考虑到了媒体、网站、社交媒体以及知识等方面。市政府为社区提供各项服务，比如互联网、公民活动、创客实验室、工具图书馆。虽然以上举措都代表一种美好的进步，但这些服务理应成为社区中心的一部分，而不是图书馆的附属品。目前，正如袜子和小商品削弱了书店的功能一样，许多图书馆所提供的服务也同样削弱了图书馆作为书库的初衷。

毋庸置疑，图书馆是一座宝藏，公共图书馆的理念也颇具革命性。如今，很难想象一个没有公共图书馆的世界，更难想象当代人不仅能够引入这一理念，还能成功说服公众和慈善家为图书馆提供资助。我们在探索支持好书店运营的潜在模式时，不要忘了庆祝公共图书馆模式于19世纪建立的革命性
53 事实。

我们也许能理解书本空间的丰富性对民众来说是多么地应接不暇，所有书籍宫殿的专业管理员都应该读一读罗伯特·穆齐尔的《没有个性的人》第100章“施图姆将军入侵国家图书馆，了解到书籍世界与守卫书籍世界的管理员，以及知识的秩序”。[4]施图姆将军寻找“世界上最伟大思想”时，可以帮助我们说明一些我们许多人都熟悉的事情，那就是当我们在海量的书堆中搜寻**那本**将揭示或将我们带回乐园的迷人之书的感受。

施图姆将军既是一位朝圣者，又是一位初学者，他正在寻觅通晓一切的钥匙。然而，他却对现有的工具一无所知；作为一名军人，他采取了自己唯一熟悉的策略。但他贪婪地面对着图书馆里丰富的资料，转而意识到自己的军国主义方法很可能收效甚微。将军将一排排的书比作“接受检阅的卫戍部队”，

宣称自己“穿透了敌军的防线”。

> 我的双腿就像被钉在了原地。我觉得这世界简直就是一出大型的恶作剧。尽管我现在稍微平静了一点，但我可以和你打包票：有什么地方绝对不对劲！[5]

接着，将军提出一个论点，该论点因完全是无书卷气的大屠杀式的而令人不快，但仍然令人信服。他对图书馆员说道:“你可能会说，人没有必要读完所有的书。”接着，他 54
还是忍不住打起了军事的比喻:“当然，你在战场上也不必杀死所有的士兵，但每一个士兵都是必不可少的。你可能会对我说，每本书也是必不可少的。”[6]犹太教智者塔胡玛对一件更温和的事情也持有一种类似的观点，即犹太教律法书《托拉》(*Torah*)的词语，他教导说:“《托拉》中的每个词语都相互依存：一个词语的结束触发了另一个词语的开始。”[7]

好书店体现了一种惠特曼式的自我意识：包含着诸众，也囊括着那些熟悉的书名和尚未被发现的卷册。我们每个人都有各自的书房和精选的藏书，其中既有反映自我认知的书籍，也有指导我们朝着新方向发展的书籍；它们都代表着我们的理想和追求。我们知道，有些书籍即使尚未翻阅，近在眼前也能带来快乐。[*]由此，我们可以理解克里斯托弗·莫利为什么会确信“每一个走进书店的人，灵魂之中都不乏一些孕育人类可能性的肥料”。[8]

没错，每个读者都有各自喜好的书，但没有一家书店适合每个读者。一家好书店必须建立过滤和精选的机制，从而形成其特色。如果这一环节完成得非常出色，那么书店将与社区
55 融为一体，居民们甚至可能会无法想象没有书店的生活。

神学院合作社的自身定位是学术型书店，目标对象是严肃读者和学者。E. M. 福斯特（E. M. Forster）赞美伦敦图书馆的存在是在“向严肃和理智致敬”。他很可能是在颂扬像神学院合作社等书店的精神：“珍视思想，坚持包容各种观点，但同时也有筛选。”[9]

丰富性

这个世界上有那么多的书。当读者走进一家好书店时，会发生什么呢？神学院合作社拥有近10万册藏书；当读者走进

---

* 瓦尔特·本雅明曾分享过一个故事：一个庸俗之人在参观了法国著名作家阿纳托尔·法朗士的图书馆后，问他是否读完了所有的藏书。弗朗索瓦回答道：“连十分之一都没有读完过。我猜你也不会每天都使用你的塞弗尔瓷器吧？”

一家拥有2 000多万页图书的书店时，又会发生什么呢？如果书商能细心地筛选出高质量的图书，那么亨利·詹姆斯式的多样性体验与人类视角下无穷无尽的多元故事将会被全盘托出。书商很可能会将《传道书》12:12中的那句名言——“著书多，没有穷尽”——理解为一种庆祝，而不是一句告诫。行家都知道仓库里的书和精心排列组合的藏书之间的区别。我去过的书店——比如圣莱安德罗市的灰狼书店（Gray Wolf Books）和底特律市的约翰·金书店（John K. King Books）——有10
万多本书，但这些书完全可以被精简到5万册。虽然我的确喜 56
欢在这些不加区分的书店中进行策略性的浏览，但在那些转瞬即逝的书籍（比如破旧不堪的书、过时的技术手册和封面上有在世作者照片的书）之中浏览却又实在令我萎靡不振。

然而，在专业书商的掌控下，我们会越来越像约翰·德莱顿和戈特霍尔德·埃夫莱姆·莱辛那样，成为洛威尔笔下的“随意而不加选择的读者”。我们感觉自己就像查尔斯·兰姆：“我几乎什么都读。我为自己拥有如此广泛、如此包容的品味而庆幸。”[10]我们与利·亨特一起坦白：“我需要彻底地把话说清楚：我喜爱所有的书。这是我与所有的书痴结下的亲缘纽带，我的爱是宽广的，所谓家族荣誉在这份爱面前也变得微不足道。”[11]

好书商能赢得读者的信任。身为读者，我们都知道书商有着敏锐的感知力，而好书商更是一位优秀的倾听者。即使我们的描述含糊不清，甚至就连我们本人都不知道自己究竟在寻找哪本书，他们也能快速对我们的心仪之书心领神会。

在神学院合作社书店2019年售出的2.8万本书中，有近1.7万本是以单本的形式销售的。也就是说，这1.7万本书中的每一本都为一位独特的读者所寻求。爱默生谈到过书籍具有“非凡的**相对**力量”，这种力量通过这一数字得以显现，让我们为之沉醉。简而言之，探索书籍是一项极具个性化的活动，其独特的体验不可能被大批量生产。正如爱德华·希尔斯所指出
57 的那样，正是足够多的缓慢的浏览路线造就了一家好书店。这句话意味着，从纯营利的角度来看，好书店必然需要囤积一些不该囤积的书。倘若那1.7万本书当初没有被摆上书架，也就不会有那么多人在当年发现它们。

深不可测的海底

有些书本身就很丰富，我们在丰富的书籍空间中寻找的正是这类书。有时候，我们追求的是与这些私人珍宝——那些似乎只为我们而写的书——相联结的感觉。

爱默生在给他的先验论者同伴塞缪尔·格雷·沃德（Samuel Gray Ward）的一封信中写道：

> 在一生中，会有那么一两本书让我们沉醉其中。这些书可能具有某种非凡的**相对**吸引力，让我们陶醉；而其他人则会无动于衷*；我们在饮尽那杯醉人的酒后，在余生的岁月里继续在图书馆里寻觅，希望能再次体会回到天堂的美妙滋味。[12]

好奇心和直觉是我们的向导，就像乔纳森·李尔在谈到合作社时说的那样："在拐角处，在下一个角落，将会有一本书开启宇宙之门。"[13] 58

杰弗里·奥布赖恩是一位诗人和评论家，他曾在一本取名精妙的书——《浏览者的狂喜》(*The Browser's Ecstasy*)——中表达了自己对无法想象之书的憧憬。他由此推断道："未读之书即是尚未经历的生活，即是对新思想的承诺，即是从未瞥见的图像。未来的天堂是一本千页之书，写满了尚未到来的情节。"[14]这些引人入胜的未读之书将会以不同的形式呈现。

---

* 图书馆学第二定律。

虽然书店本身藏书丰富，但有些书渴望成为自身的百科全书，比如福楼拜的《布瓦尔和佩库歇》（*Bouvard and Pécuchet*）、格特鲁德·斯泰因（Gertrude Stein）的《美国人的成长》（*The Making of Americans*）、乔伊斯的《尤利西斯》和利昂·福雷斯特（Leon Forrest）的《神圣之日》（*Divine Days*）都渴望分别对知识、意识、一天和一周进行全方位的描述。《没有个性的人》也是其中之一，其宽广度很可能蕴藏着那“未来的天堂”。卡尔维诺在为新千年撰写的六篇文学备忘录中的第五篇和最后一篇中，提到了罗伯特·穆齐尔和文学百科全书主义计划。[*]他提醒我们，百科全书主义与“百科全书”这一名词并不相同；从词源学上讲，百科全书意味着为了穷尽世界上的知识，试图将全部知识圈在一地；而文学百科全书主
59 义则力求创造某种“开放式的百科全书”。[**]这些书“是多种解释方法、思维方式和表达风格交汇与冲突的结果”。[15]这些作品纵然存在猜测性、可能性和不确定性，还在交汇与冲突中支离破碎，但仍然在朝着一种整体的方向努力前进，也仍然在追

* 文学百科全书主义当然可以作为杰米·卡尔文关于“书店是一种文学形式”这一理念的原型之一。

** 图书馆学第五定律。

求一种整体上的丰富。

正如法国作家帕斯卡·基尼亚尔（Pascal Quignard）所观察到的，“碎片在自然界中并不存在。即使是最小的碎片，也仍然是一个整体”。[16]《淮南子》中也有一句：“秋毫之末，沦于不测。是故小不可以为内者，大不可以为外矣。”[17]

威廉·布莱克与伊丽莎白·毕肖普——两位有着明显不同气质的诗人——写出了从一粒细沙看见一整个世界的景象。布莱克在作品中借以赛亚之口宣称，他的“感官在万事万物中发现了无限”。[18]毕肖普笔下的矶鹬是布莱克的学生：“可怜的鸟儿，他着了迷！”诗人说道，“他的喙已瞄准”。我们可以想象，一只在书堆里游荡的矶鹬。“他全神贯注。”我们熟悉这种状态。“正寻觅着，寻觅着，寻觅着。”[19]我们知道我们也可能从一粒细沙中看见一整个世界，所以我们透过层层阻碍的水域，搜寻着数百万颗沙粒。

赫尔曼·梅尔维尔在那本百科全书式的偏执之书中，告诉我们这群“愚蠢的人类”，“诺亚的洪水尚未退去；这个美好世界还有三分之二仍然是它的领地呢”。[20]亚哈船长在大海 60
上追捕那头抹香鲸莫比·迪克，但他“由于天性和积习，太过于墨守强悍的捕鲸旧规，因而无法放弃这趟航程的附带任务”。这一描述很可能表示亚哈船长和罗伯特·穆齐尔笔下的施图姆将军一样刚烈暴力，但有更加深刻的内涵。亚哈船长的理由也许在理论上是正确的，但实际来看显然是荒谬的，“他猎杀的巨兽越多，就越能增加机会，因为这样一头接一头地杀下去，最后那头鲸就会是他一心想杀之而后快的猎物”。[21]

在追捕的第一天，亚哈船长根据一群苍鹭的飞行方向，终于在深海中确定了白鲸的位置。起初，亚哈船长只望见一个“仅仅和鼬鼠一般大的小白点在移动”；但当这头鲸“以不可思议的速度”上升时，他看到“两长排闪闪发光的白色弯牙从深不可测的海底腾了上来”。[22]诚然，梅尔维尔笔下的海洋简直深不可测，但这并不意味着我们没有机会偶然目睹那些深入探索之物并以知情的姿态默然而归。

恩 赐

有时，朝圣者也是一位初学者，他们不仅要搜索书籍，还要寻找一把如何使用书店本身的钥匙。我们书商成了东道主。没有什么比见证读者第一次进入这个空间能带来更大的喜悦感了。我们知道必须温柔对待，也知道必须提供发现
61 的空间。但当我们回忆起自己第一次兴致勃勃而又不知所措的书店经历时，就能了解只需要多一点同理心就会有所改善。

施图姆将军做事有条不紊，带着天真的自信，乐观地认

为自己能完成任务。比如，他已经编制了一份“全体思想指挥官”名录，这些人物都曾领导庞大的思想军团走向胜利。[23]然而，事实证明，他的军事战略失败了；他反而被思想的丰富所吞噬，被自己的数学计算所打败。他详细地描述了自己的思考过程：

> 我曾设想过，如果我每天读一本书，这自然不算轻松，但我一定会在某个时候读完它们。这样一来，即便我遗漏了一些书，我也可以在智识世界占有一席之地。但我和图书馆员一直往前走，望不见尽头，于是我问他这座疯狂的图书馆到底有多少册藏书。你猜他是怎么回答我的？他答道，三百五十万册！我们一路数到了大约第七十万本书，我不停地在脑子里计算这些数字。我就不一一告诉你细节了，但我后来在办公室拿起纸和笔，复核了一遍：这样读下去，我要花上一万年才能完成我的计划！[24]

让我们来计算一下。施图姆将军很可能高估了自己的阅读能力。我也拿起纸和笔，计算出读完神学院合作社的藏书
至少需要两千年的时间，而读完国家图书馆的藏书则需要七 62
万年。

爱默生认为，“很容易计算出一个勤奋的人一天能读多少页的书，以及在良好的条件下能读多少年的书”。他和施图姆将军一样，留下了一段哀叹。他意识到，即使一个人“从早到晚读了六十年的书，他仍然会老死在图书馆第一个壁龛之中”。[25]

我似乎就这样量化了自己的阅读生活。这种计算的确很容易，但我不知道是否应该推荐大家这样做。施图姆将军和爱默生为我们提供了一个警世故事。过去的我连续抽了二十年的烟。有一天，我保守地估算了自己可能已经吸入的烟量。最终，得出的数字说服了我，我早已经提前抽光了这辈子的香烟份额。于是，我决定立刻戒烟。对于那些尚未吸掉的烟，我一刻也没有哀叹过。

然而，一旦大胆地估算我能读完多少本书，我就会对那些我永远无法结交的朋友感到沮丧。我觉得自己被时间和图书馆欺骗了。不管我能合理地读完多少本书，总会还有其他书亟须阅读。第一个壁龛很美好，但是第二个、第三个、第四个壁龛呢？

（假如能在一支烟的时间里读完一本书的话——比方说，七分钟——那么，一个人仅用一生的时间，就可以读完神学院
63 合作社的全部藏书！）

我在过去最佳的阅读状态时，一年可以读完大约50本书；

但现在，我能读完一半的数量，就已经谢天谢地了。根据美国健康中心的数据，美国人的平均预期寿命是76岁。我们从10岁开始算起，慷慨地认定人们可以活到80岁，并且在此期间坚持不懈地阅读，保持每年阅读50本书，那么美国人均（不包括超出平均水平的读者）阅读量将达到3 500本。神学院合作社的顾客每年会考虑购买2.5万本新书，这一数字不超过美国每年出版图书量的5%。我们的书店还计划重新订购2.5万本再版书目。[*]反传统作家加布里埃尔·扎伊德拥有1万册藏书，他曾指出："如果一个人每天读一本书，那么他会忽略当天出版的另外4 000本新书。"[26]

博尔赫斯是历史上最伟大的读者之一，他于1955年被任命为阿根廷国家图书馆馆长。几乎与此同时，他陷入了"黑暗广漠的世界"。这种失明是从他父亲、祖父和曾祖父那里代代遗传而来的，他们都在双目失明中度过了自己的生命。博尔赫斯那首绝妙的《恩赐之诗》（*Poem of the Gifts*）以一个动人的肯定句开篇： 64

* 出版商和书店的行业定义有所不同。但一般来说，再版书目与"重点新书"相对应，指的是那些已经上市很长时间的书，宣传活动、媒体关注度和突出的书店位置不再是影响此类图书销量的重要因素。大多数图书在出版一年后就会成为再版书目。

上帝同时赐我书籍和黑暗，
这可真是一个绝妙的反讽，
我如此形容他的精心恩赐，
切莫归咎于自怜抑或责难。

他让一双失去光明的眼睛，
成为这座浩荡书城的领主。[27]

也许，博尔赫斯的失明是对爱书之人的隐喻。* 在博尔赫斯任职期间，阿根廷国家图书馆收藏了90万册书籍**。即使是像他这样的英雄读者，最多也只能阅读其中1%的书籍。计算一生的阅读量是那么地令人灰心丧气，就像我们同样也被恩赐了书籍和黑暗似的。

让我们来了解一些著名的图书馆馆长。1846年，查尔

* 盲人图书馆馆长在某种程度上成了阿根廷国家图书馆的一种传统，因为博尔赫斯的上一任馆长何塞·马莫尔与下一任馆长保罗·格鲁萨克在任职期间都没能摆脱失明的宿命。“早在我之前，”博尔赫斯在诗中提到马莫尔时写道，“另一个人也曾接受过这书籍和这黑暗。”（博尔赫斯，《恩赐之诗》）

** 博尔赫斯在短篇小说《沙之书》中记录了藏书的精确数量。

斯·科芬·朱厄特撰写了《关于书籍责任的事实和考量》一
书，当时距离他担任史密森学会图书馆馆长还有几年的时间。
他在关于这一议题的小册子中告诉我们:“自印刷术发明以来， 65
已经出版的各种书籍总共估计为300万本。其中，德国出版了
100万本，法国出版了80万本，英国出版了60万本，而美国
仅出版了2.5万本。”[28]

人们不禁想知道，传奇的英国图书管理员莱昂内尔·麦科尔文在出版《如何使用书籍》这本小书时，心目中的读者是什么样的。我想，对于那些愿意读这样一本书的人来说，图书馆学第一定律——书是为了用的——是不言而喻的。所有有意拿起这本书的人可能都已经清楚了如何使用书籍，自然不需要威斯敏斯特图书馆馆长的指导。但不管怎样，我们从中可以了解到一些关于二战前后出版业状况的有用数据。

> 战前，英国仅一年就出版了17 000本**不同的**新书和再版书，日本也有相近的出版量，几乎两倍于纳粹兴起之前的德国；美国一年出版7 000本，其他国家也有大致相应的出版量。战争期间，这一数字大幅下降；英国于1944年的总出版量仅为6 781本。一旦情况恢复正常，全球的总出版量很可能会超过战前的水平，因为有相当

多有趣和重要的书籍一直被积压着，只有等到人力和物
66 力更加充裕时，才能有出版问世的机会。[29]

我们明显可以看出，有趣和重要的书籍在当时积累了相当之多，人力和物力也是充裕的。加布里埃尔·扎伊德说：

> 1550年出版了500本，1650年为2 300本，1750年为11 000本，1850年则达到了50 000本。1550年，累计出版书目大约有35 000本；1650年为15万；1750年为70万；1850年为330万；1950年为1 600万；2000年为5 200万。在印刷术的第一个世纪（1450—1550年），总计出版了35 000本书籍；而在过去的半个世纪里（1950—2000年），这一数字增加了1 000倍，达到了3 600万。[30]

这些数字难以理解，但并不一定意味着书籍的过剩。毕竟，“每本书有其读者”。但是，由于一个书籍社区是由部分而非全部的读者构成的，书商在把书摆上书架之前，必须精挑细选一番。

缪斯的花园

我去寻找书籍，既是为了自己，也是为了书店。几十家出版社的目录每年会更新两到三次，记录着上千本必须进入书店的书，以及许多不太适合社区的书。正如让-吕克·南希所言，我们的工作——筛选和精选——就这样开始了。我想起 67
了英国小说家罗丝·麦考利，她原来也是亚历山大·黑蒙口中的“读瘾者”之一，狂热地追寻对书的快感。麦考利在《个人乐趣》一书中，写了一篇关于书商目录的文章，绝妙地捕捉到了这种感觉：

> 读这些目录的感觉就像在清晨畅饮葡萄酒，让我陷入如痴如醉的愉悦之中，甚至觉得自己无所不能。我可能会控制住自己，不急着给书商写信；在阅读目录和寄明信片之间必须有一个间隔……等到陶醉感消退后，再提笔写明信片，清醒、和缓、得当、简洁、克制……总之，我又清醒了。但我很高兴我喝醉了。[31]

这是一位读者的真实感受。不妨再想象一下，书商们在收到这些目录时极度畅饮般的情景！

据说，斯坦福大学书店（Stanford Bookstore）的前任店长埃尔登·斯皮德（Eldon Speed）曾希望每出版一本书，就在书店里存放一本。他追求的是一个20世纪“百货书店”的愿景。然而，为好书店挑选丰富的藏书需要鉴别；“修剪”至
68 关重要。

1934年，埃兹拉·庞德在《阅读ABC》[*]中呼吁更多的“除草者”帮助解决随着书籍普及率提高而产生的问题：

> 如今，我们生活在一个科学和物质丰富的时代。对书籍的热爱和敬畏专属于一个除非有人不辞辛苦地亲手抄写，否则书是不能被复制的时代，这种方式显然已经不再适应社会的需要或知识的保存了。但如果要使缪斯的花园继续存在下去，就必须有人来清除杂草。[32]

我们必须找到打造好书店的专业人士，他们需要在除草、栽培和整理方面具有敏感性。爱默生提醒我们：“与此同时，

* 1934年，美国出版了7 000本书；目前尚不清楚意大利的出版量。

大学虽然配备了图书馆，但没有提供书籍教授；我认为这一职位比其他岗位都更加重要。”[33]尽管我们应该庆祝有些大学确实偶尔设立了书籍教授的职位，但这些老师仅仅专注于书籍作为物品和文化产品的历史，而书商——那些“正在阅读的读者”——仍然是最接近爱默生所说的书籍教授的存在。

神学院合作社和大多数书店一样，也有一张前桌。这个 69
大书桌既是综览区和样书区，也成了一种象征和一种理念：除了作为一张位于书店正前方、堆放着书籍的桌子，更是一片值得驻足观赏的风景，在其中几乎翻不出一株杂草。前桌为大多数读者展示了在其他地方都不会见到的书籍：有来自大学和学术出版社的书籍，有鲜为人知的经典作品的译本，有关于某个领域学术前沿的深奥书籍，还有少数群体的发声之书。前桌象征着好书店的经营理念，体现了对那些在出版季之外依然经久不衰且有价值之书的承诺（即使这些书籍也许会出现在其所属出版社目录中）。

有116本涵盖了各个学科的书籍摆放在神学院合作社的前桌上，每一本都是值得研读、开卷有益的作品。这些书作为一个整体，代表了一季度知识探索的独特快照。但如果作为书商的我们做好工作，其中大部分的书将在一个季度之后继续热销。乔纳森·李尔的书作惬意地躺在前桌上。“前桌是什么？”他试着自问自答：“它不是一个秘密花园，而是一个悉心栽培、铲除杂草的花园。”他告诉我们，前桌“从本质上讲，与欲望或义务无关。它关乎对抗”。[34]

前桌就像书店的一系列陈列一样，不仅稍微缓解了一排排书籍压在书架上的重担，还创造出一种节奏感，帮助那些应接不暇的浏览者喘上一口气。书商精心设计的陈列方式就像编
70 舞家的笔记本和前卫音乐的乐谱一样，支持多种多样的演绎方式。读客们经过前桌后，就将深入书堆，面对所有的藏书。当读者看着书架上码满了五彩缤纷的书脊，音符的节奏就被按下了加速键，以愉悦但不规则的间隔打断他们的阅读体验，时而是因为一本碰巧露出封面的书（就像可怜的图书设计师所期望的那样），时而是因为碰见了斯坦利·泰格曼设计的多边形窗口，展示了铺满另一片视野中的更多书脊和封面，以及更多引人注目的美好事物。

索　引

在《巴别塔图书馆》中，博尔赫斯笔下的主人公“就像图书馆里的所有人一样，游荡着寻找一本书，也许是所有目录的总目录”。[35]我的同僚会用这本想象之书帮助迷失的读者回到正途，确定自己的方向。但这本书毕竟只是一个幻想。事实上，专业的书商每时每刻都能记住书店里的绝大部分书目，他

们通常不需要根据作者姓名的字母顺序，就能知道一本书在书架上的确切位置。这一能力无疑能给那些正在苦苦寻觅某本书的读者（尤其是几乎无法提供书籍信息和线索的读者）带来魔法和惊奇之感。

我们的一位书商在我任职之初就创造了一个这样的时刻。当天早上，乔纳森·李尔匆忙赶来，显然是在寻找某一本特定的书。他不同以往，不仅直接绕过了前桌，也没有按照日常 71
轨迹前往哲学区或文学区，而是急切地进驻诗歌区的前几排书架中。当他只是稍作停留之时，那位书商问他是否正在寻找最新出版的耶胡达·阿米亥（Yehuda Amichai）诗集。李尔满心欢喜，带着如释重负的温柔神情，肯定地说这正是他所要找的。“你是怎么知道的？”他不禁发问，接着恍然大悟：这是他一直期望看到的我和我的同事们一直在做的专业书商工作。

但有时候，如果读者的问题太过宽泛，书商也将无能为力。施图姆将军迫切地追求世界上最伟大的思想，而那位图书馆员不得不弃用检索的专业能力，请施图姆自谋出路。施图姆将军是这样描述这次经历的：

> 我的眼睛里一定燃烧着对知识的强烈渴望，这家伙突然吓了一跳，仿佛我要把他吸干似的。我继续说明我需

要一种时间表，能够让我将各种思想在各个方向上联系起来。他一听到这话，变得极其礼貌，甚至礼貌到了恶毒的程度。他主动把我带进图书编目室，让我自己翻找。这显然违反了规定，因为只有图书馆员才可以进入这里。说实话，我感到自己身处圣之又圣之地，就像潜入了一个巨型
72 大脑之中。[36]

我要提前告诉你的是，施图姆将军在那个房间里不会找到一本“值得一读的好书”（尽管这么说可能会有损我手头的这一写作项目，以及我为严肃的图书销售工作辩护的兴趣）。施图姆将军继续描述道：

想象一下，你被一排排书架包围，隔层里码满了书，到处都是爬梯。文献、目录在书摊和书桌上摞得高高的。你知道吗？这就是知识的全部精华，没有一本值得读的好书，只有一大堆关于书的书。我敢肯定，它们散发出阵阵脑磷的臭气。我觉得我一定是到了什么未知之地。不过，当那家伙要把我一个人留在那里时，一种奇怪的感觉袭上了我的心头——我感到既敬畏又不安。他像猴子一样蹿到一个梯子上，直接从底部抽出一本书，说道：“这是给您的，将军。所有文献目录的文献目录。”——你

> 知道这是什么吗？——简而言之，就是按字母顺序罗列了过去五年来所有关于伦理问题的书籍和论文的标题，不包括道德神学和文学。反正，他就是这么对我解释的。他刚一说完，就想溜走。[37]

图书销售与图书馆员的工作一样，最好是由那些对目录、过滤、筛选、精选、布置以及“牵线搭桥”充满热情的人来完成。正如杰弗里·奥布赖恩所言，我们知道“读者是如何看图 73
书目录的：站在他神圣不可侵犯的高位上，看着时代倾吐出如此之多的小说、论文和历史著作，以至于最终需要的不是一份目录，而是一本所有目录的总目录”。[38]身为书商的我们就像博尔赫斯笔下的巴别塔图书馆的管理员，我们想要“制定图书馆的总理论，圆满解答所有猜想都未能解释的问题：几乎所有的书都是混沌无形的”。[39]如果想要清楚地理解博尔赫斯的这句话，就需要理解“混沌无形”也是宇宙的本质。*

渴望档案馆

14世纪的意大利诗人弗朗西斯·彼特拉克并不拥有书房，

---

* 博尔赫斯的《巴别塔图书馆》是这样开篇的：“宇宙（别人管它叫图书馆）是由……”

而是被自己的书房所拥有。“一种无穷无尽的激情始终困扰着我。时至今日，我也仍然无法、也根本不想将其冷却。我觉得我的书永远不够多。”他如此说道。“书籍让我们深深地陶醉其中，流淌在我们的血脉中，给予我们建议，并在一种积极而敏锐的熟悉感中与我们紧密相连；一本书不仅能独自渗进我们的精神之中，还能为更多的书籍铺平道路，从而引发我们对其他书籍的渴望。”[40]

一本书召唤着另一本书，另一本书孕育着下一本书。因
74 此，读者会去寻觅书籍。好建议比比皆是。例如，小说家多丽丝·莱辛认为，“阅读只有一种方式，那就是在图书馆和书店里浏览，只拿起吸引你的书。只要觉得无聊，就放下它们”。[41]弗吉尼亚·伍尔夫的父亲莱斯利·斯蒂芬（Leslie Stephen）曾任伦敦图书馆的馆长，伍尔夫认为一位读者能给另一位读者的唯一建议“就是不要接受任何建议，跟随自己的直觉，运用自己的理性，得出自己的结论”。我们最好接受她关于浏览艺术的建议：

> 无论那些权威人士穿着有多雍容华贵，我们都不应该允许他们走进我们的图书馆，由他们教导我们如何阅读、什么是值得阅读的，以及请他们点评我们读的书有何价值，因为这样做会摧毁自由精神，而自由精神正是

> 那些圣殿的灵魂之所在。世间别处皆有规范习俗，唯有阅读完全自由。[42]

因此，我们罗列了各自不同的经典作品集。我自己的作品集中大约包含了五十位作家，他们的著作让我不断回味，我渴望把他们的全部作品先通读一遍，然后重读一遍。诺贝尔奖得主埃利亚斯·卡内蒂（Elias Canetti）是我经典作品集中的新晋作者，他告诉我们“真正的精神生活在于**重读**”。[43]

卡尔维诺在思考“永世之书”的重要性时，敦促读者创建自己“心目中的经典图书馆”，其中包括“一半我们已经阅读过且对我们产生了真正影响的书籍，以及另一半我们打算阅读并预计会产生影响的书籍——再为惊喜和偶然的发现留出 75
一些空书架”。[44]西班牙哲学家奥特嘉·伊·加塞特（Ortega y Gasset）的学生何塞·高斯曾说过：“每一座私人图书馆都是一个阅读计划。”[45]另一位神学院合作社的成员苏珊·桑塔格称她的图书馆是“渴望档案馆”。[46]

我有时禁不住会想象，我们这群充满激情和热情的书商在一个露天市场里（就像印度加尔各答大学街上的书报摊），我们不销售教科书，而只在摊位上摆放各自的经典书目，希望能提供“惊喜和偶然的发现”，好让读者们填满那些空荡荡的书架。那将是多么美妙的一次浏览体验啊！大街上到处都是衷心推荐的书籍，仿佛地球的电场真的将所有的黄金都汇聚到了山顶。

不过，这些摊位当然应该听从莱辛和伍尔夫的忠告。毕竟，没有哪本书符合所有人的口味，也没有哪部经典——包括在那些已经遭到摒弃的权威文化中——赢得了多数人的一致认可。这是一个值得庆祝的事实。正如加布里埃尔·扎伊德所写，我们的文化“是一场没有中心的对话”：

> 真正的普世文化并不是乌托邦式的地球村，所有的村民聚集在一个麦克风的周围；而是巴别塔般多样的大批村落，每个村都是世界的中心。我们所能接触到的普遍性是有限的、受限制的、具体的普遍性，它分散于多
> 76 元的对话之中。[47]

因此，我们心目中的经典著作只属于我们自己，而书店则是由社区体现和创造出来的。“书籍，”亚历山大·黑蒙告诉我们，“是生活在这个世界上的指南手册。”[48]书籍是构建自我和美好生活的关键原料。愿我们都打造各自的书摊和书床，这样我们就能塑造出更好的自己。“我们是谁？”卡尔维诺问道，“倘若剥离了那些阅历、讯息、读过的书籍和想象的事物，我们每个人又是谁？每个人的人生都是一部百科全书。”[49]而好
77 书店则可以彰显一个社区的面貌。

第三章

价 值

太阳之光与电灯之光截然不同。

——西塞罗，

《为凯利乌斯辩护》，《演说集》，

第 491 页

一小盒香烟的价钱

英国主教理查·德·伯里（Richard de Bury）在世期间积攒的藏书构成了当时全国最大的私人图书馆。那个时代是但丁和彼特拉克（主教与彼特拉克保持书信联系）的时代，是古腾堡之前的时代，更是每本书都是独一无二的时代。德·伯里对书籍的热爱在某种程度上就像书商对职业的热情。他谈到那些“即使用最长篇幅也不足以尽述赞美之辞”的作者，并告诫道:“不要自以为这些事物渺小到微不足道，没有小事物，伟大的事物也将不复存在。”[1]或许，书店和这些小事物一样重要。

距离理查·德·伯里首次出版《书之爱》(*Philobiblon*)已有近700年后的今天，他仍然可以帮助我们提出图书销售困境的核心问题：如何构建书店的模式？在“购买图书时如何确定价格”的章节中，德·伯里问道:“如果书籍的价格全由
78 智慧决定（而智慧对人类来说是无价的至宝），如果书籍的价值是无法衡量的（正如我们的前提所假设的那样），那么当购买到这种无价的至宝时，又怎么会被认为这是一笔昂贵的交易呢？”事实不正是如此吗？毕竟，德·伯里告诉我们，书籍“是世界上的珍贵财富，是世代和民族的有益遗产，更是生活的必需品”。[2]如果不探讨书籍本身的价值，书店的价值就无从谈起。

好书店是伟大书籍的宝库，也是新近出版的书籍通往伟大之路的试炼场。书商哪怕仅仅是将某些作品选为书店的永久藏书，也是在为创造未来的经典贡献了一份力量。根据瓦尔堡的良邻定律，一本书的地位会因与历代名著相接近而提升。换而言之，一本书只有在历代名著中不显得格格不入之时，才可成为伟大之作。

15世纪的红衣主教贝萨里奥尼（意大利文艺复兴时期的

重要人物）曾满怀敬意地谈到了那些如今销售缓慢、无利可图、但意义深远的书籍。他强调了书籍所传递的智慧，以及其高贵、庄严和神圣的特质。这些书“活着，它们会说话，同我们交谈，教导我们，指引我们，抚慰我们，将最遥远的事物带到我们的眼前”。[3]我们应该立刻像评估当代经典一样，为塑造灵魂的工作赋予货币价值：这一过程是不可估量的。

英国散文家托马斯·卡莱尔曾讨论过书籍的好处，他的
那番话对书店也完全适用：“我们从书中得到的不是事实，而 79
是在我们心中唤起的共鸣。”我们完全赞同他所说的，一本书“可以揭示无数事物，让我们了解到许多连它自己都不知情的事情”。[4]这句话也提醒着我们：标准商业的规则并不足以支持我们的行业。

价值会随着稀缺性的增加而增加，但稀缺性也可能源于人们对某些极具价值之物的低估。由此，我们可以得出一个结论：有一种膨胀的价值基于稀缺性，也有一种稀缺性基于价值的紧缩。那些仅仅因为稀缺性而被认为有价值的事物会随着稀缺性的增加而变得更有价值，而那些因为被低估而稀缺的事物则很可能会濒临灭绝。

书店的稀缺性是基于人们对其价值的低估，而好书店的稀缺则是因为我们低估了人类的文化财富。我们唯一的图书销售模式是从传统零售业延续而来的，这一模式过分重视效率，而轻视了智慧的低效率，即日本学者冈仓天心在其权威著作《茶之书》中所述的培养一种对“无用之物的妙用”。[5]

“每一家伟大的书店都让读者迷失其中”，亚历山大·黑蒙告诉我们，神学院合作社书店尤其如此。既然浏览体验是沉浸在一个致力于书籍的物理空间中的体验，那么我们如何为浏
80 览的体验定价呢？

黑蒙继续说道：“走进一家书店就像一头扎进一片充满无限可能性的困惑之地。一家伟大的书店具有一个完整的环境，一个似乎除了书再无他物的空间；在书店，其他一切要么不再重要，要么早已存在书中。”[6]

尽管书店的数量可能并不算多，但其巨大的价值显然并非来源于稀缺性。更何况，书店的稀缺性恰恰是人们错误衡量书店价值的结果。我们应当如何衡量这些沉浸式阅读环境的价值？我们应当如何获取打造这些花园和休闲场所的费用？基于以上的问题，我们又该如何评估书籍本身的价值呢？事实证明，这是相当不合理的，也就是说，在某种程度上书的价格与价值完全不成正比。莱昂内尔·麦科尔文写道：“一张电影票或买一小盒香烟的价钱，就可以购买大量精心制作的趣味图书。

只要读者能在精选好书中享受到那源源不断的乐趣，那他们就会认为这些图书才是迄今为止最好的投资。”[7]消费者往往会不假思索地花17美元买几包香烟或者几杯咖啡和一些糕点，花同样的钱去买一本书却会让他们皱起眉头，因为这本书可能会给他们带来无数小时的思考和难以量化的满足感。

我不再从上周的早餐中获得快乐，甚至根本记不起我到底吃了什么，更不用说去年了；但我可以告诉你，我在1994年第一次进入书店工作时，阅读的是哪一本书——詹姆斯·鲍德温的《告诉我火车已开多久》。那是一本1969 81
年版的平装书，定价为1.25美元；我的母亲在出版后不久就购买了一本。1994年，当我读到母亲的书时，这部作品可能只值5.23美元——和朋友一起吃上几片比萨的价钱相当。如今，鲍德温的这本小说售价17美元。即便我在1994年以17美元的高价将这本书收入囊中，那也将是我那年所做的最有价值的支出。现在回头细想，这本书仍然在我的书架上召唤着我，给我带来回忆，唤起我当年翻阅时的真情实感。

我们都成了搜寻便宜货的高手；而像亚马逊这样的企业，往好了说是牟取私利，往坏了说便是伤天害理，它们进一步贬低了书籍的价值，以及创作、出版和销售所需的深思熟虑和呕心沥血的繁复工作。

《告诉我火车已开多久》目前在亚马逊网站上已经打了23%的折扣。这种降价的现象表明，以13美元的价格购买这本书对于理性的消费者来说是物有所值的，而17美元的价格则是一笔不划算的交易。但可以肯定的是，经济人*的理性适用于评估，而不仅仅是金钱的节省；为了做成合算的交易，我们必须培养作为评估人员的技能。

我十分尊重政治经济学。我没有深入研究这门学科，所
82 以在探讨书店的历史和系统性解决方案时，写得很谨慎。但或许也有外行人反思的余地。毕竟，我也并不完全缺乏相关的资历。

作为一个经济人，我一直在思考：仅靠同一类型的货币，如何满足我们的基本需求和奢侈需求，又如何为我们带来深刻的满足感呢？我想，我能以一个自信的“不”直截了当地回答文艺复兴时期的学者努乔·奥尔迪内（Nuccio Ordine）提出的一个问题：

* homo economicus，拉丁语，意为“经济人”。这个概念源自经济学领域，用来描述一个理性的、以追求个人利益最大化为目标的假设型人物形象。——译注

> 几个世纪以来，我们与那些为我们创造了非凡的艺术、文学、音乐、哲学、科学和建筑遗产的人签订了一系列最为**重要的**债务契约。这些契约是否足以一笔勾销与银行及高级金融机构签订的债务？[8]

作为一名公民[*]，我一直渴望看到让·雅克·卢梭所描述的那些“滔滔不绝地谈论习俗和美德”的古代政治家，而不是如今“只谈论贸易和金钱”的当代政治家。[9]我和维克多·雨果一样，对立法机构在知识和艺术事业上的吝啬拨款感到难堪。我也想象着“一个年收入一千五百法郎的人，每年为自己的知识文化修养留出一笔钱……却只有区区五法郎。他在某一天还会临时反悔，然后从这笔文化消费的预算中再节省出五分钱”。[10] 83

作为一名读者，我与诗人泰奥菲尔·戈蒂耶产生了共鸣，他赞美了“鞋匠这个光荣的职业”；然而，他和我都“宁愿要一只鞋面脱落的靴子，也不愿接受一首押韵不好的诗歌……我宁愿不穿靴子，也不愿没有诗歌”。[11]我和乔治·吉辛笔下的另一个自我——亨利·瑞克罗夫特（Henry Ryecroft）——一

* homo civicus，拉丁语，用来描述一个积极参与社会和政治事务的公民。这一词汇强调了个体对于社会发展和公共利益的责任感。——译注

样，对文学的渴求如同对食物的饥渴一般强烈，“我在人行道上徘徊……口袋里装着几枚铜板，有两种欲望在我的内心中展开搏斗”。瑞克罗夫特做出了他的抉择：“最终还是买了书。他一边在面包上涂了黄油，匆匆充饥，一边陶醉于书页之间。”[12]我对此完全感同身受。

作为一名作家，我理解欧内斯特·勒南为什么不认可图书的销售收入，因为我也看不出“思想的表达之间有什么共通的衡量标准……法定货币也无法衡量”。[13]

作为一名终身的书商，我和圣杰罗姆一致认为，“衡量金币和著作的价值不能由一个人来确定”。我也认同帕斯卡·基尼亚尔的观点，“艺术是最古老的史前人类活动之一，比金钱的历史还要更加悠久。因此，任何艺术品都无法转换为金钱”。[14]然而，我从事图书与金钱的交易，清除过剩的库存，*量化商
84 品、价格、利润和损失。

我自知不能提供系统性的解决方案——许多比我更加聪慧的人早已有所尝试——但也许，我可以概述问题，并探讨一些可能有益于发展严肃图书销售的新模式。

---

* 每一位书商都可以告诉你，当他们第一次得知为了获得出版商的信任，不得不根据要求撕掉库存图书的封面和销毁剩余的书页时，他们是多么地震惊。

商品和礼物

刘易斯·海德在他颇具影响力的著作《礼物》中讨论了礼物与商品、价值与意义之间的区别："商品有价值；而礼物没有价值，只有意义。"他将"价值"定义为"一件事物与另一件事物的比较"，而将"意义"定义为"那些我们珍视却又无法为其定价的事物"。[15]我们最为珍视的品质是不可转让的，诸如罗伯特·穆齐尔所说的爱、内省和谦逊，以及惠特曼所说的智慧，刘易斯告诉我们，"无法转让给那些本没有这些品质的人"[16]。这些品质虽没有交易的价值，但并不意味着毫无意义；相反，正如那个经典信用卡广告中相当嘲讽而又精确的表达——"无价"。海德是这样描述的：

> 我们虽在博物馆或音乐厅的门口付了门票钱，但当我们被艺术作品所触动时，一种与价格无关的事情降临在我们身上……艺术家精神的礼物可以唤醒我们自己的精神。正如约瑟夫·康拉德所说，作品吸引了我们自我的一部分，这部分本身就是一种内在的礼物，而不是一种外在的获取。[17]

85

如果我们有意建立一个支持好书店的商业结构，那我们就必须承认礼物经济与商品经济并存的事实。

约翰·罗斯金被誉为艺术评论家的先驱，他认为自己关于“政治经济学的首要原则”之书《给未来者言》（*Unto This Last*）是他最好的作品：“也就是说，是最真实、措辞最准确和最有用的。”[18]莫汉达斯·甘地（Mohandas Gandhi）认为，这部作品是同时代人写出的最迷人的两本书之一；另一本是托尔斯泰的《天国在你心中》（*The Kingdom of God Is Within You*）。[19]在《给未来者言》的“魔力”下，甘地发现了自己对尊严、质朴和社区的最坚定信仰。[20]

罗斯金探讨了他所谓五大脑力职业：士兵、牧师、医生、律师和商人。他是这样描述商人的：

> 观察一下，商人的职责……是为国家供应物资，而不是从这种供应关系中牟取私利，正如牧师的职责也不在于获取薪俸一样。如果他是一位真正的牧师，这笔薪俸是必要而合理的附属品，但并非他生活的目的；同样地，对于一位真正的医生而言，费用（或酬金）也不是生活的目的。对于真正的商人而言，追求利润也不是生

活的目的。[21] 86

这类职业的尊严是显而易见的；而这种对薪酬的谦逊态度，为以损害或漠视文化财富和公共健康为代价、狭隘追求金融财富和利润的做法提供了一剂令人信服的解药。

我们从罗斯金所定义的商人那里可以学到什么关于图书销售的知识呢？他告诉我们，“（公众相信）商人在所有交易中的首要目标是尽可能赚取更多的利益，同时让邻居或顾客得到尽可能少的利处……根据宇宙定律，买家的职责是压低价格，卖家的职责则是连蒙带骗”。[22]我们先前已经讨论过，虽然亚马逊出售图书——比全国任何一家实体书店卖得都要多，甚至远超所有独立书店的总销量——但亚马逊显然不是一个真正意义上的书商；而且事实证明，亚马逊也不符合罗斯金对商人的定义。我们早就知道，亚马逊将图书作为一种吸引顾客而亏本出售的商品；而这种营销策略反映了一种匪夷所思的庸俗盈利方式，严重贬低了整个致力于创造文化价值（而不仅仅是经济价值）的行业。

如果只衡量一次性消费成本，那么亏本出售对消费者来说仍然是一笔好买卖。正如罗斯金所阐述的那样，我们的商人“必须运用所有的智慧和精力来生产或获得完美状态下的产品，并以尽可能低的价格将其分配到最需要的地方”。[23]也许，亚

87 马逊做得没错。毕竟，它也在以尽可能低的价格分发图书。但罗斯金认为廉价不应该是商人的主要目标。他明确反对了亚马逊的一大“竞争优势”（如果可以如此措辞的话），即贬低创造产品过程中所付出的劳动价值。罗斯金承认生产各类商品都需要庞大的网络，他这样写道：

> 商人过着怎样的生活，在很大程度上是由他们自己承担责任的；他们的责任不仅是始终考虑如何以最纯粹和最便宜的形式生产所销售的商品，而且还要思考如何使生产中涉及的各种就业机会……对雇员最有利。[24]

罗斯金所强调的“低价”并不意味着“贱价”，价格应该诚实地反映创造产品所需的劳动量和支付整个供应链所需的利润。

此外，商人所提供的服务在某些行业中，以及在价格不是交易主要考虑因素的某些条件下，会有很大的差别。“我们不会通过荷兰式的拍卖来出售我们的首相职位。”罗斯金写道：

> 生病时，我们不会去找收费低于一英镑的医生；打官司时，我们从来不考虑将律师费从六先令八便士减少

> 到四先令六便士；下大雨时，我们也不会从一群司机中 88
> 问出每英里只收六个便士的那个。[25]

像亚马逊这样以贱价贩卖图书的公司，既没有公平竞争，也没有通过市场来决定胜负，甚至还将书商这一职业逼入绝境。当然，消费者应该根据他们认可的服务或产品的价值付费，这就是所谓的“好工匠有工作，坏工匠无工作”。但是，像亚马逊这样的商业系统具有虚假性、反常性和破坏性，罗斯金告诉我们：“当拙工接受半价的薪酬，他们要么会取代良工的位置，要么会迫于竞争而为不足的报酬工作。”[26]

现代的商人，尤其是大型零售商，特别是那些利用构建人类和社会的最基本工具之一的书籍（以及其中包含的探究、讨论、论证、美感和理解）作为亏损促销手段的大型零售商，他们已经被“通过人们的恶习来欺骗人们的［想法］所左右，这也许是有史以来最傲慢而且徒劳无益的想法”，该想法即财富可以“不顾道德来源”而牟取。[27]

我认为，书商的工作并不完全是或者主要是零售工作。换而言之，书商的劳动不会仅仅凭借图书销售的利润而得到对

89 应的补偿。正如罗斯金所描述的那样，商人的工作是高贵而有尊严的，但这一点并不适用于书商。这些超凡的读者，这些书籍的教授，他们从事着艰巨的文化劳动，提供了刘易斯·海德所说的“礼物性劳动”。他问道，“在一个价值观以市场为主导、商业几乎由商品买卖构成的时代中”，那些从事礼物性劳动的人如何养活自己？[28]

他知道问题的答案，也知道有一些模式可以支持这样的工作。他说，如果我们真心重视礼物性劳动，我们可以为其支付优厚的报酬。“我们可以——也应该——酬谢我们各自珍视的礼物性劳动。”他给出的观点是：“简单地说，当我们这样做的时候，我们必须认识到，［礼物性劳动者］获得的报酬并不是按照市场上创造财富那样被‘制造’出来，而是由集体赠予的一份礼物。”[29]尤其是当提供者以对抗性或竞争性方式运营时，市场格外善于对易于量化的目标进行成本效益分析。然而，海德解释道，礼物性劳动的成本和回报无法通过市场体系来体现。

教育家、牧师、艺术家和书商永远不会“赚到”钱。但根据海德的说法，他们的储藏室将永远装满礼物。

酒窖和酒吧

我再次强调，图书行业并不存在良好的商业模式。我指

的是，没有一种商业模式能够支持那些由文化和文学价值（而非媒体关注度和快速销售）驱动的出版业。当然，这一论点 90
并不新鲜。正如理查·德·伯里的反思："当买到无价之物时，又如何证明这笔交易是昂贵的呢？"[30]读者进入书店，可以在各自感兴趣的书区中闲逛，沉浸在探索发现的活动中（也就是所谓"浏览"）；好书店在为社区提供这样的宝贵财富中，需要足够的耐心和丰富的存书，以及对读者的承诺。书商——优秀的书商——是过滤、挑选、布置和热情方面的专家，我们摆上书架的书籍自然不是由市场和短期市场单独衡量价值的。我们的模式应该奖励书商所付出的努力，因为正是这些工作才能让好书店蓬勃发展。

1980年春天，美国参议院司法委员会就图书行业（特别是出版商和媒体公司的合并）举行了一场听证会。时任国际笔会（PEN International）美国中心副主席的小说家E. L.多克托罗出席了会议，他站在书籍的角度，提出了类似的观点。多克托罗对将情景喜剧、体育赛事、名人传记和其他短暂的娱乐活动与出版优秀书籍所需的非公式化、不可驯服性、不可衡量性和看似无用的劳动混为一谈的现象，表示了极大的担忧。他这样总结自己的声明："传统上，所有其他媒体都将书籍视为传播者、普及者、评论者——但书籍所蕴藏的力量远高于这 91
一切。"[31]

图书的商业活动与媒体集团的商业活动是不相称的。多克托罗解释道：

> 那种与经济无关的自由表达是我们文化财富的源泉。由于书籍在中心位置上具有古老和原始的地位，我们必须尽可能保持其无控制性、无结构性、低效率性、挥霍性和多样化。这样，在一个民族的众多见证和良知中，我们的天才可以在不受限制和审查的情况下为祖国造福。[32]

不幸的是，现行的主流商业活动与一些类型的写作、出版和销售是格格不入的。

让我们再次回到克里斯托弗·莫利对“库存难题”的描述：我们需要将酒吧和酒窖的功能集于一身。这对于出版商也同样适用，因为书店仅仅是作者与读者之间的最后一站；如果没有有先见之明、尽心尽责的出版商，书店和图书馆的书架就
92 不会熠熠生辉，好书店也就不会存在。

彼得·迈耶是一位传奇的出版商，为不同类型的作家

出版过图书，比如约翰·马克斯韦尔·库切（John Maxwell Coetzee）、斯蒂芬·金、爱丽丝·默多克、萨尔曼·拉什迪[*]，他于1978年回顾了出版界的现状。迈耶同样很欣赏这个行业的复杂性。他为文化追求和金融追求的正确平衡提供了深思熟虑和无怨无悔的典型辩护，为拓宽衡量成功的时间尺度展示了振奋人心的商业案例。“对书籍的关切高于对纯商业的考量”，他以宽厚的耐心告诉我们：

> 这绝对不是一种反商业的观点。相反，这恰恰是一门好生意，证明了**出版业的回报周期往往与其他行业的回报周期不尽相同**……如果一切都以当前的数据为准，那么一个糟糕的行业将会破壳而出……如果不着眼于未来，无论当前数据的好坏，由此孵化的企业不仅会粗制滥造，还会丧失经济上的前景……这并不意味着一些经久不衰的书不会得以出版，也不是说一些经久不衰的作家不会受到鼓励。更确切地说，**每家公司的重点将越来越多地放在短暂的目标上**……公司及其员工的财富、精力和精神将会注入一台摇摇欲坠的机器之中，以前所未 93

* 迈耶在出版和捍卫拉什迪的《撒旦诗篇》的过程中，彰显了明晰的道德和刚毅的英雄气概。

有的速度向前行驶。[33]

虽然我们可能将商业利益视为图书事业的主要驱动力，也可能不这么认为，但我们确实希望在实践这项工作时，能够承担财务责任，并致力于满足和创造读者们的需求。书籍在各个层面——创作、制作、营销、销售和阅读——都需要耐心。如果我们把图书与快消品放在一起衡量，一定会将一时之书的地位提升到永世之书之上。

克里斯托弗·莫利讲述了一则故事：在波士顿的老街角书店（Old Corner Bookstore），有一位业余书商在节假日期间，尽自己的一份力，尽可能多地出售一些文学作品，或者他认为是文学的作品。1913年，他在卖掉了一大批约瑟夫·康拉德的作品后，却遭到了一些老书商的指责。他们告诉他，"在繁忙的圣诞节"，书商的工作"是及时满足顾客的需求，而不是鼓励他们闲逛和争辩关于文学的细枝末节"。但这位业余书商同样也表现出了与他的职业相称的耐心。

> 下一年，老街角书店发掘了由小布郎出版社于同年出版的艾米莉·迪金森的诗选《独一的猎狗》（*The Single Hound*）。这标志着非凡的艾米莉被再次发现的开始；但近十五年过去后，这本书才被人所熟知。在图书

> 行业，你通常可以认为，任何真正微妙的作品要想广为人知，都至少需要十年的时间。这一点并不像你可能想 94
> 象的那般遗憾：十年是一段相当成熟的时期，而经得住时间检验的作品不会轻易在人间蒸发。[34]

作为书商，我们的大部分工作都是为微妙之作“诉讼”，鼓励读者在书店闲逛和逗留，这样他们可能会有各自的新发现。当我们不愿意给出一个合理的成熟期时，会造成怎样的危害呢？保罗·山崎解释了这一问题。如果我们只看重前期的销售数据，那么书商和出版商就无法支持像托妮·莫里森这样的作家，“她最初的几本书销量都不到5 000本”。“在由这种思维方式主导的行业中，”他说，“年轻编辑即使发现了一位他们认为可能成为下一个托妮·莫里森的潜力作家，也没有机会继续出版这位作者的第三或第四本书，除非前两本书的销量可观。”[35]

据说，在纽约传奇的哥谭书市（Gotham Book Mart），一本书的保质期似乎“一直延续到下一个阅读者在书店中翻阅它为止”。在哥谭书市、城市之光书店、苏尔斯书店抑或任何一家好书店中，一条生活的基本原则是：“书作为物有其命运，而人与书有其约定。”[36]

袜子与书

好书店很稀缺。一项针对独立书店的媒体调查掩饰了这一事实。据媒体报道，尽管困难重重，但在如今这个时代，书
95 店仍然欣欣向荣，为我们的虚拟数字世界提供了一剂模拟的解药。独立书店通过哈佛商学院教授瑞安·拉法埃利所说的“3C’s”——社区（community）、管理（curation）和召集（convening）——做到了这一点。[37]

拉法埃利花了八年时间研究独立图书行业。在21世纪的头十年里，神学合作社的销售额增长了27%，但其盈亏底线保持稳定：每年约30万美元的亏损。拉法埃利认为，或许存在一种模式，既能认可零售商的智慧，又能提供公平的报酬。随着图书销售效率的提高，向员工支付与零售和服务工作相称的工资（即最低工资），用利润率更高的商品（比如袜子、咖啡、蜡烛、葡萄酒、贺卡、玩具、日历等）来填补图书收入，并致力于仅销售那些利润高、卖得快的图书。只有这样精打细算的书商，才有可能勉强维持书店的运营。

这不仅是一位富有同情心的商学院教授的观点，也是业内一些最热情、最坚定的专家们的一致看法。2018年，我与时任美国图书商协会（American Booksellers Association）首席执行官的奥伦·泰歇见面，尽了最大努力说服他相信，21

世纪的严肃书店需要一种新模式，而且很可能所有的好书店都需要一种新模式。他回答我，像神学院合作社这样规模的书店（以及任何一家年收入超过75万美元的书店）没有理由不能期待“适度的回报”，也许是书店总收入的1%或2%作为底线利 96
润。也许，我们只是一直用错了方法。

美国图书商协会编制了一份名为“算盘”（Abacus）的年度调查报告，评估了全美独立书商的财务报表和运营指标。拉法埃利和泰歇都使用了这一调查报道的数据来支持自己的观点。如果一家经营良好的书店能够期望——假设满足某些标准——从销售中获得适度的回报，那么或许有一些措施的确值得考虑。

当然，在谈论我们的优势和庆祝我们作为一个行业的成功时，会有一些公共关系上的益处。支持一个正在崛起的行业远比阻止它走向衰亡更容易被接受。然而，过分夸大这一趋势却存在巨大的危险。托妮·莫里森在《自尊之源》一书中写道：“每当有人开始考虑倡导艺术时，一个复杂的障碍就会立刻出现：艺术家有一个非常糟糕的习惯，那就是韧性。正是这种韧性欺骗了我们，让我们深信最好的作品无论如何总会完成，而最好作品之中的‘佳作’无论如何都会持续存在下去。”[38]莫里森的这段话虽然谈论的是艺术家和艺术组织，但也可以用来形容其他珍贵的机构，包括书店。

奥伦·泰歇当时一提出他的观点，我立刻就明白了一些事情，随后也做出了相应的调整。根据泰歇和拉法埃利对书店
97 模式的描述，一家书店必须满足以下标准才能盈利：

- 近20%的存货必须由非图书的产品构成。
- 图书必须主要是从大型出版社进货的，这些出版社的毛利率要高于学术性质的小型独立出版社。
- 书店的图书上架时间不得超过四个月。
- 书店必须向书商支付初级零售职员的工资。

拉法埃利指出，图书的"利润率薄如剃刀"；而像神学院合作社这样的严肃书店连这么微薄的利润率竟然都无法实现。[39]我们库存中的图书比重超过99%，而行业平均值才为81.7%；由于我们提供了大量的学术图书，而这些图书的利润率甚至比主流出版社的图书还要低，因此我们的总体利润率仅为37.7%，行业平均水平则为45.3%。但我们对库存的图书持有耐心，而且刻意大量持有，因为我们提供的是一种浏览体验，而不只是销售特定的图书。我们会让图书在书架上摆放280天，而行业平均天数为132天。库存的高周转率是零售业成功的基本原则。虽然我
98 们支付给书商的薪水远低于我们认为他们应得的水平，但我们目前支付的薪水比书商的平均工资仍然高出29%。这是一个经

过深思熟虑的计划；很显然，这个模式并不适合我们。

请允许我重申一下：独立书店平均18.3%的库存是所谓副业，而不是图书。虽然一些人很高兴能够在书店买到一张贺卡或一双漂亮的袜子，但书店决定储存这些物品并不是特殊的选择，而是出于一种经济上的需要。拉法埃利认为这既是一种优势，也是一种挑战；他指出，“由于图书的利润空间极其微薄，销售附属产品是提高书店盈利能力的有效途径”。[40]使用“提高”这个词其实并不准确，因为书店没有附属产品的交易，根本就无法盈利。书商为了维持极其微薄的利润，就必须出售图书之外的商品——无论是袜子，还是咖啡，他们不能只卖书。如前所述，亚马逊正是利用图书作为亏损先导，吸引消费者购买其利润更高的产品和服务“套装”。

但难道不应该像埃德加·劳伦斯·多克托罗所劝告的那样，书中所蕴藏的力量高于一切吗？如果是这样，那我们很明显没有做错。是商业模式让我们失败了，而不是我们失败了。我们需要建立一种新模式，支持销售缓慢的大量图书——仅仅是图书——经过精心的排列组合，为即使是最厌世的读者提供浏览时的惊喜和愉悦。我们的模式必须想办法实现对图书（尤其是严肃图书）承诺的指标，并以一种对待文物的方式耐心出售图书。 99

我在与奥伦·泰歇交谈的一年后，意识到我们在财务可持续发展的主流书店模式中没有立足之地。于是，神学院合作社建立了以图书销售为使命的非营利书店模式。我们的新模式并不指望“低价购入高价售出”的零售模式，而是从礼物经济中获得资金，以此彰显我们正在努力的尝试。如果人们能够理解书店馈赠的巨大价值，那么我们这个挣扎着诞生的社区将可能会在各个社区打造一批好书店。

价值与意义

世界上最重要的事情似乎都是不可衡量的。正如托马斯·卡莱尔所说，我们至今没有一个衡量崇拜的尺度。[41]不仅如此，我们还没有衡量意义、知识、希望、快乐、敬畏、好奇、美感、善良、敬畏、正义、智慧和爱的尺度。

并非所有的事物都需要被量化。尽管社会科学家的量化法越来越复杂，也越来越有价值，但每个人都知道指标的局限性到底有多大。任何梦想像功利主义家杰里米·边沁那样科学计算幸福的人，最终都会明白当衡量不可衡量的事物时，计算
100 的精确度与由计算得出的意义是如何构成反比的。事实上，人们无法衡量和量化那些品质，却又能根据各自不同的主观标准给出评判；也许，这一点才是其意义之所在。

衡量本身不一定是问题，问题在于对衡量的依赖超过了经

验，对量化的依赖超过了限定。罗伯特·穆齐尔可以再次开导我们。他在1922年的文章《无助的欧洲》中，区分了道德与伦理："根据其规定性，道德与可重复的经验联系在一起，而这些经验体现了理性的特征，因为一个概念只能扎根于明确性和可重复性。"然而，就意义而言，可重复性是一个荒谬的概念。

> 道德的文明化特征和科学精神存在着深刻的联系，而真正的伦理经验（如爱、自省和谦卑）是非常个人化的，甚至更是与社会观念格格不入，即使这些经验在具有社会性质的地方，也是难以传播的。[42]

也许，我们应该实行一些替代的模式。既然我们已经设计了更微妙的尺度，那我们需要培养作为"限定词"的雄辩口才，而不仅仅是作为"量词"的精准把控。当然，这些替代模式并不需要彻底取代现行的政治经济体系。如果我们的社会目标是使经济人成为更理性的行为者，使公民人成为更文明的公民，那我们必须认识到当下的体系无疑是无效的。 101

教养与学识

阿莱克西·德·托克维尔写道："希望利用知识是一回事，希望获得纯粹的知识是另一回事。”[43]我参考了两所学院——犹太教学院和普林斯顿高等研究院（Institute for Advanced Study）。两者不同类型的模式都致力于为学识之士打造一个最适合纯粹求知的结构。虽然两所学院都不能完全视为图书销售的机构，而且也都存在各自的问题，但我们在综合考量的视角下，可能会得出有益的方法，从而挑战当前图书销售财务模式所隐含的假设前提。

贝丝·梅德拉什·高佛犹太法典学院是美国最大的犹太教学院，位于新泽西州莱克伍德普林斯顿东南30英里处。这座学院与普林斯顿高等研究院在地理位置上的临近只是一个巧合，但这两所机构在“为学习而学习”和“支持追求学术自由的学者”两方面有着共同的价值观。

公元2世纪的拉比犹大·巴尔·伊莱这样感叹当代人的现状：

> 前几代人将学习《托拉》视为日常关注之事，而将
> 102 每日的工作看作偶尔关注之事，并且在这两方面都取得了成功；近几代人把每日工作视为日常关注之事，而将学习《托拉》作为偶尔关注之事，并且在这两方面都没有取得成功。[44]

当代的犹太教学院认为，通过为研究《托拉》的学者提

供资金支持这一手段，那些被每日工作所消耗的人可以帮助促进社区的进步，从而找到了一个优雅地解决“价值与意义”这一问题的方法。

在正统犹太社区，研究《托拉》是极其重要的。沙马伊的教导是“将学习《托拉》作为一种日常的活动”。[45]本·巴格·巴格（Ben Bag Bag）曾经说过：“翻开它，再翻开它，因为一切都在里面。仔细品读，跟着它一起变老，直到页面泛灰。不要抗拒。没有比它更好的生活指南了。”[46]还有一位拉比约哈南·本·撒该（Yochanan ben Zakkai）说过：“如果你深入学习了《托拉》，不要把功劳归于自己，因为那是你被创造出来的目的。”[47]

拉比犹大·巴尔·伊莱的后裔们都明白，并不是每个人生来就有同样的求知欲望和学习能力。他们在这样一种模式中看到了智慧，其中一些社区成员将每日工作视为他们的日常重点，以便其他社区成员可以将学习《托拉》作为他们的每日工作。由此一来，整个社区都在学习《托拉》的氛围中升华了。

他们把这种安排称为“以萨迦-西布伦式的合伙关系”， 103
取名自雅各13个孩子中的两个。据说他们所代表的部落就是这样运作的：西布伦致力于日常工作，而以萨迦则致力于学习《托拉》。

普林斯顿高等研究院由教育家亚伯拉罕·弗莱克斯纳于

1930年创立，其现任院长罗伯特·戴克格拉夫表示，研究院“旨在成为‘学者的天堂’，没有学生和行政上的职责”。[48]普林斯顿高等研究院吸引了众多的学者和思想家，并创造了一个环境，让他们可以“完全专注于深刻的思想，尽可能远离日常琐事和实际应用。弗莱克斯纳对‘无阻碍追求无用知识’的愿景得以呈现。**即使有用的话**，也是几十年之后的事情了”。[49]

普林斯顿高等研究院的成立和继续存在成了世界上其他类似机构的榜样，更成了一个代表“为学习而学习”而不考虑效用的论据。这所院校是一个人类求知的圣地，反映了“弗莱克斯纳毕生的信念，即在意外发现的协助下，人类的好奇心是唯一强大到足以突破精神壁垒的力量，从而为真正具有变革意义的思想和技术铺平道路”。根据戴克格拉夫的说法，弗莱克斯纳相信“只有后见之明才能洞悉知识的漫长发展轨迹，往往始于无拘无束的探究，并最终实现实际的应用”。[50]

即便“纯粹的知识”被证明是一无是处的，弗莱克斯纳、
104 阿莱克西·德·托克维尔和犹大·巴尔·伊莱也会把追求知识本身作为一种目的。对“无用知识”的追求有时却能创造一些最能改变世界的洞见、发明和科学发现，几乎能颠覆这种努力的纯洁性。戴克格拉夫告诉我们：

> 弗莱克斯纳本人承认基础研究不可避免地会浪费一些

> 金钱，但成功将远远超过失败。基础性研究的质量与影响之间没有直接或可预测的联系。时间的跨度可能很长，远远超过当今政府和企业倾向于思考的四年周期，更不用说新闻二十四小时时效了。一个思想的社会价值完全兑现往往需要多年，乃至几十年，有时甚至像爱因斯坦的相对论那样长达一个世纪。[51]

弗莱克斯纳赞美了“好奇心，它最终可能会、也可能不会发挥作用”，并将其称为“现代思维的突出特征”。[52]

19世纪的科学家迈克尔·法拉第并不关心“实用性”这一问题，他的观点启发了弗莱克斯纳。弗莱克斯纳写道：“任何对实用性的怀疑，都会限制一个人永不停歇的好奇心。实用性即使最终出现了，也永远不会成为一个人不断实验的评判标准。”[53]但丁甚至说这些功利主义者“不应该被视作文人，因 105
为他们只是为了获得金钱和荣誉而学习，而不是为了学习本身而学习。如果一个人拥有一把琴只是为了出租，而不是为了弹奏它，那么我们也绝不会认同他是一位琴师”。[54]

伟大的格言家E. M.齐奥朗写了一篇关于苏格拉底的“米德拉什”*，可以作为这一点的极端例证。“当狱卒在准备死刑的

---

* 米德拉什（midrash），一种针对希伯来圣经额外的圣经注释。——译注

毒药时，苏格拉底却在学习演奏一首新曲。‘你都快要死了，学这个还有什么用?’他回答道：‘至少在死之前，学会了这首曲子。’”在齐奥朗看来，无论是在临终前，还是在生命中的其他时刻，求知都不需要其他附加的理由；这是“求知唯一严肃的正当理由，无论是在死亡边缘还是在存在的任何其他时刻”。[55]

道德与伦理

我们敢于在现实世界中想象一个类似以萨迦-西布伦式的合伙关系模式——一个认可文化、文学和知识遗产具有巨大价值的模式吗？在一个创造了博物馆、公立大学、免费图书馆和大音乐厅的社会中，必定存在着对这一想象的感知和渴望。例如，莉斯尔·奥尔森谈到芝加哥的第二次文艺复兴时，提到了“相信高雅文化在进步时代是提升公民感和道德感的手段”。她写道，“一种高贵的责任感为芝加哥
106 当地许多强大的文化机构提供了财政支持”，其中包括芝加哥大学、纽贝里图书馆（Newberry Library）和艺术学院等机构。[56]

以萨迦-西布伦式的合伙关系模式的显著之处在于“贵族有义务承担贵族义务”的反转：西布伦并不是在施舍改善社区

的以萨迦，而是为一项既无价又不值钱的事业提供资助，因为这正是我们被创造出来的原因。以萨迦的贵族性在于，他有义务代表贫穷的西布伦投入学习和教育之中。

有必要回顾一下，我们创造了一些书店的模式，而且犯了一些错，但还有纠正错误的机会。我和罗斯金持有相同的观点：

> 只要科学的条件尚能接受，我就不会怀疑科学的结论。我对假设前提毫无兴趣，就像我对一门假定人没有骨骼的体操科学不感兴趣一样。根据这一假设，把体操学员卷成球状、压成饼状或拉成绳状会带来优势；当这些结论受到影响时，重新植入骨骼的结论就会是正确的，而这门科学只会被判定为“在适用性上存在不足之处”。现代政治经济学完全建立在一个相似的基础上，假定人 107
> 没有灵魂，只有身体，并据此制定各类法律。但这样的法则怎么可能适用于由灵魂为主导的人类呢？[57]

我们的政治经济学必须区分意义与价值、学识与教养、

伦理与道德。我们必须主动采纳多种衡量标准，并给予那些根本无法衡量的经验和感觉应有的重视。通过这种方式，我们才
108 可以建立一个为体操运动员重新植入骨骼的模式。

第四章

社　区

书籍带来养分、治愈、欢笑和碰撞。

——关朵琳·布鲁克丝，

《年轻诗人》

通往书页的完美之路

清晨有一种肃穆的氛围，世界静谧，书店安恬。微弱的自然光线照亮了一排排的书籍。当空无一人时，书店里弥漫着社区的气氛和我们共同的记忆，还有那既是集体的、又是个体的渴望；而当人头攒动时，书店往往维持着一种只有在独处中才能获得的宁静。书架上的书卷中所包含的论点和热情在与每个读者单独私语，同时也提供了一种话语机制。书店是一个公共广场，尽管大多数时候都鸦雀无声，但这里的思想交流一直清晰流畅。

威廉·詹姆斯写道:“我们的精神生活，就像鸟儿的生活……由飞翔和栖息的交替构成。”[1]我们在孤独和社区之间的平衡中也存在一种飞翔和栖息的节奏。我们在孤独中的思考与
109 我们在社区中的交往相互激励，共同推动人类的洞见进一步发展。在满是书籍的空间里，孤独和社区同时存在。

在黎明时分，诗人查尔斯·西米克经过一夜“努力抓住总是难以捉摸之物”后，终于在海德格尔的书页上发现了洞见:“没有一个思想家曾踏入另一个思想家的孤独。”[2]然而，正是在这种孤独中，书籍才能被创造而出，才能被人阅读；孤独的思想家所创作的书籍邀请我们进入他们的思想，而我们在孤独中的阅读也是在邀请我们自己在交流中思考。

我们在华莱士·史蒂文斯的诗中发现了一个更深刻的洞见:“读者成了书。”

> 房子无声，因为本该如此。
>
> 静是意义的一部分，思想的一部分:
> 通往书页的完美之路。[3]

然后，世界静谧。

我们前往书店的原因有很多，也会带着各自不同的情绪。我们步入书店时的心情可能是平静的，偶遇的思想却能搅动我们的心神。然而，书籍的陪伴是令人舒缓的，并且建立与书籍的联系会带来惬意的兴奋感。

我们可能也会怀着忐忑不安的心情走进书店，希望能解决萦绕心头的一些困惑。然而，书架上书籍的思想辩论可能反
而会加剧我们的困惑，但这仍然会带来惬意的兴奋感。理查 110
德·赖特在年轻时爱上了阅读；每次读完的书籍都会影响他的情绪，常常数日都无法消散。[4]我们都能对赖特感同身受。

当外界的喧嚣安静下来时，当主流的观点和评判（它们类似于良知，但实际上更像是险恶的审查者）被压制时，我们才逐渐在各自隐秘的思想空间中听见了自己的心声。我们将这些声音带回公共广场，这样一来，借用一位神学院合作社的销售员描述书店精神的话来说，我们很可能会“给那些欣然接受的共识找点麻烦”。

高产作家凯斯·桑斯坦（Cass Sunstein）评论道：“神学

院合作社不仅仅是一家书店，更是一个社区。”[5]社会学家莫里斯·贾诺威茨资助了最初的鲍威尔书店，他“相信书店，因为他相信社区，而社区正是由书店建立的”。桑斯坦同样认为神学院合作社就像一座大都市。正如简·雅各布斯（Jane Jacobs）那段令人印象深刻的描述：“神学院合作社充满了改变生活的惊喜和未知的宝藏；每当你转过一个角落，你永远不知道会有什么新发现。”[6]桑斯坦和贾诺威茨都明白，一家好书店能反映社区的形象，而一家卓越的书店更能创造社区的环境。

杰米·卡尔文是法律学者小哈里·卡尔文（Harry Kalven Jr.）的长子，他于1978年成为神学院合作社的一员。在20世纪80年代末，杰米希望记录社区的创建历程，于是开始着手创作
111 一本书，“透过书店的视角”呈现一个阅读社区，展示“一幅读者之乡的画面”。卡尔文描绘了大量形形色色的读者，包括刚刚学会阅读的孩子、流亡的知识分子、成年的文盲、在各自领域前沿的伟大学者*、著名作家，以及各个年龄段和背景的热情读者。[7]杰米坚信理解一个社区（比如他所在的芝加哥南区）的关键是理解书店的公民。

---

* 杰米曾经采访过的一位大学者是我们的朋友爱德华·希尔斯，他于1963年发表的一篇关于书店的文章启发了卡尔文形成他自己关于书店作为社区机构的一些想法。

虽然读者群体看起来可能是迥然不同的，但他们都是同一种类型的智识漫步者：他们的思想在浏览时四处漫游；他们拖着慢悠悠的脚步穿过书店，以一种冥想般的专注度扫视着书架。当他们找到从未听说过，甚至无法想象自己会喜欢的书籍时，便立刻与手中的书产生了共鸣。他们惊喜地意识到，这正是他们想找的书。正如惠特曼所说："事物的表象之中存在着某种东西，能将智慧从灵魂中唤出。"[8]这些漫步者相信自己在书架前闲逛时浮现的直觉。 112

或许，我们的一位老成员、俄克拉荷马大学（University of Oklahoma）的历史学教授正是想到了这类读者，才写信告诉我：神学院合作社是他留存在脑海中的美妙记忆之一，向"成千上万文静的读书人"致谢。"书店之外是一个寂寥的世界，"他在结束语中写道，"继续耕作。"

对孤读者的服务

美国零售业对顾客所盛行的那种"卓越服务模式"——知识渊博、殷勤周到、热情洋溢、有点令人喘不过气的服务态度，以及对顾客的选择和支持表达庄重有度的感激之情——提醒着书商不要忘记他们的服务对象。书商必须要采纳和实行这种服务模式，因为它不仅比那些自以为是、无精打采或阴沉寡言的模式更加可取，而且本身就是一种商业上的优势。但经营一家好书店，书商在树立服务精神的同时，也必须考虑到“孤读者”的存在。

我们知道，有些顾客可能需要书商的帮助或亲切的问候，但也有不在少数的顾客尊重书店的某种礼节，因此我们只有在得到顾客的示意后，才会打破书店的沉默准则。虽然那些在书店中需要帮助的顾客理应获得其他店面（比如五金店）所提供
113 的迅速、知情和亲切的服务，但书商必须认识到，至少起初吸引读者走进书店的是书籍的陪伴，而不是书商的陪伴。

“神学院合作社的员工们都明白，浏览是一项多么严肃的活动。”杰米·卡尔文观察道:“顾客带着阅读时所包含的隐私进入书店似乎成了一种默契。书店员工随时准备提供帮助，但绝不会过分打扰到你。”他继续说道，这是一个“既完全私密又友好亲切”的空间。[9]即使是亲密的朋友在书店里相遇，也会觉得打招呼是一种冒犯——他们会告诉自己，不妨在下一个公开一些的场合再相会。

克里斯托弗·莫利观察到，浏览者往往会在私密和沉默中找到自己的心仪之书;“因为最重要的书籍是羞涩的，它们可不会直接冲上前桌。”[10]我们必须保持安静，不打扰读者全神贯注的浏览，并且理解我们的作用只是吸引读者跨进书店的门槛，好让他们与这些书籍相遇。毕竟，如果要摆脱影子，那

么销售从床垫到维生素再到镐头等各类商品的策略可能并不适合于书店。

杰米·卡尔文一定读过马塞尔·莫斯（Marcel Mauss）、马歇尔·萨林斯（Marshall Sahlins）和刘易斯·海德的书籍。“书商必然在两种经济体系中运营，”他写道，“一种是激情和灵魂渴望的礼物经济，另一种是以图书作为商品的市场 114 经济。”[11]

正如海德所区分的那样，书籍和书店往往是礼物，而不是商品。“礼物和商品的主要区别在于，礼物的交换在两个人之间建立了感情纽带，而商品的销售则没有留下必要的联系。”几乎所有的书商和大多数书店的老主顾都会分享关于因书籍销售而巩固交情的故事。但在零售业中，情况并非一定如此。此外，这种交情在大多数交易中都是不可能形成的。海德为了进一步解释这种区别，带我们去五金店买了一根钢锯条后，就迅速离开了。他感觉自己与店员没有产生任何联系，并且对于之后是否会再次见到他也漠不关心。他提醒道：“这种脱节实际上是商品模式的一个优点。我们不想被打扰。如果店员总是想聊家里的事，我就去别的地方买。我只是想要一根钢锯条。但礼物可以建立联系。”[12]

一位神学院合作社的读者发来了一封赞美信，称赞他得到的书店服务，其中也包括与书商的愉快交谈。他建议我们应该加入“与书商对话”的环节，给出的理由是，偶尔出现一个喜欢谈论书籍和各类话题的游吟诗人“不仅会增添书店体验的
115 活力，还有可能促进图书的销售”。但事实上，他没有意识到自发的书籍讨论在书店中有多么频繁：书商不仅会滔滔不绝地谈论书籍和思想，读者也无一例外地表达他们的热情和厌恶，发表对当前和历代书籍的看法，分享对无法回答的问题的回答。通过书籍建立起的联系有一种深度，无论是好奇心、文学作品还是思想的纽带，都能引发非同寻常且有启迪性的亲密关系。

书和书店既是礼物，也能以商品的模式运作，供喜爱书籍的人翻阅。毕竟，我们有时需要的仅仅是一本书。虽然我偶尔喜欢和店员聊天，甚至在买钢锯的时候，也喜欢与陌生人打招呼，但海德的观点依旧成立：在商品交换中并没有必不可少的联系。在这些情况下，知识的运用、效率、亲和力和一定程度的匿名性都是书商必需的素质。

如何在书店里平衡隐私和交际、独处和互动呢？我们该如何激活这种交替的电流，以产生漫长内心旅程所需的能量？好书商在不断思考这一问题，而好书店大多数时候都能找到一个适宜的平衡点。116

孤读者的陪伴

“最愉快的消遣，”14世纪的佛教僧侣吉田兼好说，“就是独自坐在灯下，一本书摊开在你的面前，和那些来自遥远过去的陌生人交朋友。”[13]我们感受到书的陪伴；我们就像作者在他们的作品面前感受到的那样，在书页中找到了一种陪伴。“劳伦斯·斯特恩（Laurence Sterne）的邻居们认为他‘经常孤身一人’，而事实上他‘和五百多个哑巴同行’；当他叫来这些哑巴时，他们会比画着手语，向他表达各自的想法。”[14]

书籍带来抚慰、养分和关怀。马基雅维里一进入他的书房，就受到了“书籍亲切的欢迎”。他以一位学者的口吻告诉我们，他靠思想反刍为食，并且“为此而生”。[15]威廉·哈兹里特“与一些老作家相伴”，设法“一起熬过了夏天和冬天，却从未感到厌倦”。[16]他们在早餐时陪伴着他，在晚餐前与他一同漫步。

劳伦斯·斯特恩“在与古代和现代的逝者交谈时获得了

一种奇特的满足感——他们不仅仍然活着，而且在各自的作品中精彩地演说着”。[17]在我们这个时代，诗人兼评论家玛丽·鲁弗勒（Mary Ruefle）告诉我们，她“开始写作，是因为与死者交了朋友”：“他们在书中为我描述了土地之上的生活，我也想在我的书中告诉他们：**是、房屋、桥梁、河流、头**
117 **发、不、也许、从未、永远……**”[18]

作为读者的我们已经感受到了书籍的陪伴，其中有许多人都发现无法向不爱读书的人解释自己从书籍中汲取了力量和滋养。彼特拉克在谈到外行时说：“我的这些朋友，他们把世间的乐趣视为至善，甚至无法理解放弃这些乐趣是可行的。”

> 他们对我的资源一无所知。我和一些朋友相处得很愉快，他们来自各个国家和各个年龄段，在战争、议政和文学方面都出类拔萃。他们容易相处，随时听我的指挥。我叫他们来就来，请他们走就走。他们从不生气，而且乐意回答我所有的问题。有些人在我的面前回顾了过去的岁月，有些人向我揭示了大自然的奥秘：这些人教我如何生活，那些人教我如何死亡；有些人通过欢笑驱散了我的忧郁，通过妙语让我开怀大笑；还有一些人让我的灵魂准备好承受一切，别无所求，彻底自知。总之，他们打开了一扇通向所有艺术和科学的

大门。[19]

书籍索要什么回报？需要怎样的关照？“作为对伟大服务的酬谢，它们只需要我的小房子的一个角落，从而躲避敌人 118
的掠夺。*最终，我带着它们走进田野，那里的寂静比城市的喧嚣更适合它们。”[20]作为书商，我们必须能够保持适当的沉默。一旦这些书得到适当的介绍，似乎就会有适合它们和它们认真的读者。

鉴于我们从这些明智而谦逊的伙伴那里得到的礼物，我们对书籍有如此深厚的感情，也就不足为奇了。利·亨特是查尔斯·兰姆的朋友，他喜欢把头倚靠在书上，和书肌肤相亲。他这样反思道：

> 我斜视着我的斯宾塞、我的忒俄克里托斯和我的《一千零一夜》；然后，抬头看着我的意大利诗人们；又

* “书籍和人类有共同的敌人：火、湿气、动物、天气——以及内容。”（瓦莱里，《文选》，第95页）

> 转身望向我身后的屈莱顿和蒲柏，还有我的浪漫小说和我的薄伽丘；接着在左边看到放在写字台上的乔叟，想起了C. L. 曾经亲吻查普曼的《荷马史诗》，顿觉这是一件多么自然而然之事。[21]

也许，你还记得，对于我的祖先和后代来说，亲吻书籍
119 是日常仪式之一。犹太人在合上一本神圣的书时，习惯（有意）亲吻封面，以此来表达对书籍的尊重和喜爱之情。

每位读者都是自己的老师

当年，我的祖父前往16大道和53街拐角处的犹太教会堂地下室，与朋友们欢聚一堂，在小组中学习。今天，我和我的阅读社区亦是如此。几代人前往芝加哥神学院位于58街和大学大道交界处的地下室，与我们在世和已故的好友一同学习。我们和祖父一样，会回到自己的书房里继续进修，根据讨论和交流的内容，构建和打磨自己的观点。我们在孤独和社区的交替中焕发活力。

在我成长的传统中，所有的读者不仅阅读同样的文本，而且会在同一时间共同阅读。一年中的每个星期都有《托拉》的指定阅读篇章，一年中的每一天都要阅读《塔木德》中的一

页，也就是每日一页（daf yomi[*]）。全世界每一个虔诚的犹太人都可以阅读同一部分和同一页的内容。这种统一学习的纽带，怎样强调其重要性都不算夸张。在每个社区的每座会堂里，众人的头颅都会在同一本书的同一页之上轻轻摇摆。每 120
隔七年半，盛大的庆祝活动就会在全球范围内举行，庆祝在2 711天内研读完63本书。

但这样的正统观念只适用于信徒，而我被知识分子的“异端思想”所吸引。此外，我有太多想要翻阅的书籍。如果有幸的话，我应该还可以读完750本未读之书。

在希伯来语中，形容异端分子的“apikores”一词来源于伊壁鸠鲁这个名字的阿拉米语音译名，其含义可能是对哲学家学说的回应，包括他所认为的“神的存在对我们来说是不可知的，也是毫不相干的”，这一假设将我们从理解神灵的桎梏中解放出来。伊壁鸠鲁要求我们关注那些可以被辨别的事物：有限而自然的世界、我们自己的思想、如何度过时间以及如何待人。

* 字面翻译是“每日一页”。每日一页计划是由拉比内·拉伏（Lubliner Rav）、耶胡达·梅厄·夏皮罗（Yehuda Meir Shapiro）于20世纪早期创立的。

也许，“apikores”还可能源于“hefker”（意为自由）一词。不管怎样，对于一个成长在塔木德传统中、欣赏这种犹太生活之美的人来说，我的“异端思想”具有一种自由的特性，并被打上了“伊壁鸠鲁”的称号。

这种自由给“异端分子”提供了什么？听从伊壁鸠鲁的教诲，怎样才能从谨慎中——从实事求是中——找到友谊和快乐呢？“异端分子”可以在摆满书籍的空间里发现一个社
121 区，在那里每个人都是自己的老师，为自己的“每日一页”制订阅读计划。也许是在读书小组里，也许是在一个人的孤独中，但他们总是在与几十位在世或离世的作家探讨着手中的议题。

于是，我和一群志同道合的“门徒”，围绕“如何成为一个人”这一议题，在好书店的书架上打造了个人版的《塔木德》。卡尔维诺告诉我们：“你不可能对心目中的那位经典作家无动于衷，你在与他的交往中，甚至在与他的争论中不断定义着自我。”[22]我们选择个人的经典著作不就像是在建设社区吗？它们都关乎一种亲和力。

书籍排列组合的多样性反映了一条伟大的民主原则：只有这样，或许也只能这样，我们才能充分挑选出文学评论家、神学院合作社热烈支持者韦恩·布斯所说的“我们的伙伴”。当我们在各自私密的思想中考量思想家、诗人和小说家的作品时，守门人被革职了。我们策划自己的专题讨论会，我们只召

集最优秀的人才。

“我们可以听到”丁尼生所说的“德摩斯梯尼、荷马或古罗马诗人维吉尔的声音”，或者弥尔顿所说的“最甜蜜的莎士比亚，幻想的宠儿，啼啭着自然、奔放的林间歌声”。[23]我们就像彼特拉克一样，根据泰瑟姆的说法，“他将西塞罗、塞内加和奥古斯丁视为自我个性的反映，并在阅读他们的作品时与他们进行了长时间的生动对话”。[24]

除了霍尔布鲁克·杰克逊之外，我们可能会听到：“伯克 122
在威斯敏斯特滔滔不绝地演讲，约翰逊在弗利特街阐述教条，苏格拉底辩论，拉伯雷大笑，奥古斯丁忏悔，斯威夫特嘲讽，佩皮斯闲聊，多恩布道，卡莱尔责骂，罗斯金演讲，泰勒祈祷，司各特讲故事，赫里克歌唱，惠特曼发出野蛮的哈欠声，雪莱在虚空中徒劳地拍打着他那耀眼的翅膀。”[25]

吉田兼好会选择“感人的《文选》、白居易的诗集、老子的格言和庄子的章节”。[26]

哈兹里特有更加直白的理解：“我要‘在我的旅馆里休息一下’，在熊熊燃烧的壁炉旁，和西格诺尔·奥兰多·弗雷斯科巴尔迪（Signor Orlando Friscobaldo）先生握手。他是我最久远的朋友。本·琼森、博学的乔治·查普曼、韦伯斯特大师（Master Webster）和海伍德大师（Master Heywood）都围坐在一起，促膝交谈，度过寂静无声的时光。”[27]

于我而言，我可能希望见识老子的阐述、赫拉克利特的神秘、商羯罗的辨别，以及吉田兼好对任何进入他脑海中的荒谬想法的分享。在某一个夜晚，我可能会邀请爱比克泰德和詹姆斯·鲍德温相互辩论，苏珊·桑塔格和约翰·沃尔夫冈·冯·歌德高谈阔论，米歇尔·德·蒙田和安妮·迪拉德一同漫步，加利卜（Ghalib）和露西利·克利夫顿（Lucille Clifton）弹奏音符，马丁·布伯和西蒙娜·薇依共同面对神性，或者以利沙·本·阿布亚（Elisha ben Abuya）和弗里德里希·尼采来反对神性。

也许，我可以“在我的旅馆里休息一下”，那里充满了各式各样的对话。兰斯顿·休斯（Langston Hughes）和
123 理查德·赖特激励了关朵琳·布鲁克丝，而她继而影响了哈基·马杜布蒂（Haki Madhubuti）和安吉拉·杰克逊（Angela Jackson），后者又教导了内特·马歇尔和伊芙·尤因，学生们都在互相推崇着自己的导师。韦利米尔·赫列布尼科夫（Velimir Khlebnikov）、安娜·阿赫玛托娃（Anna Akhmatova）、奥西普·曼德尔施塔姆（Osip Mandelstam）和玛琳娜·茨维塔耶娃（Marina Tsvetaeva）在各自才华横溢的时期，通过写作走出绝望。历史证明了这种绝望，但当我遇到他们时，他们还足够年轻，相信诗歌能拯救自己。孔子向老子发起挑战，而老子用不朽之舌回应。第欧根尼嘲笑亚历山大

和柏拉图，践踏他们的骄傲。罗伯特·穆齐尔、托马斯·曼、马丁·布伯和莱纳·玛利亚·里尔克彼此呼应，努力保持精准与灵魂的平衡。格特鲁德·斯泰因以她在课堂上的才华挫败了威廉·詹姆斯，然后继续主持最严格且最难理解的写作工作坊之一；学生们无法跟上导师们的节奏。

长期以来，书店一直是那些与孤独抗争之人的伟大慰藉。备受低估的伟大诗人爱德温·托马森对“孤独是不道德的”这一宣言发起了讽刺却又不失严肃的挑战，引起了很多人的共鸣。

爱默生“在读完了乔叟、马维尔、德莱顿等伟大英国诗人的”诗篇后，“从中感受到一种最超前的喜悦。这种欣喜之情在很大程度上是因为诗人们将所有的**时间**都从诗句中抽离了出来”。我们在思考人类最基本的关切——爱、痛苦、意 124
义、好奇，以及一种想要理解、想要联结、想要让一切都值得的心愿——的过程中会意识到，我们与所有作家都身处同一时代，因为他们的作品以深邃的方式回应了这些深刻的关切。“当某位两三百年前的过去世界的诗人，说出了与我的灵魂心心相印、几乎是我所思所言的话语时，我们在惊喜之余，感到一些敬畏。”这使爱默生坚信“同一种天性写作，同一种天性阅读”。[28]

有多少本刚刚起笔的书、正在创作的书、稍显臃肿的书、尚未完成的书被浏览者带进我们的书店？我们都在书架间徘徊，脑海中存有成文的和未成文的书。爱默生所说“温顺的年轻人在图书馆长大，他们认为自己有责任接受西塞罗、洛克和培根等人提出的观点，但忘记了西塞罗、洛克和培根在写这些书的时候，也只是图书馆里的年轻人”。如今的我们与过去的年轻人不同，我们听过了“那句阿拉伯谚语：‘一株无花果树注视着另一株无花果树，结果自己结出累累硕果’”。[29]

要想作书，就必须读书。在一个极端的例子中，福楼拜声称为了写成《布瓦尔和佩库歇》，“消化”了1 500本书。这部小说直接揭示了完美主义和我们对百科全书式知识的徒劳追求是多么地愚蠢。[30]

125 作家双手捧着书，脑袋里念着书，在书堆里徜徉，在书架上的书页中找到了归属感。无论这些作家在世与否——这无关紧要——他们都是永生不朽的。利·亨特告诉我们：“想想这些爱书人化身为自己的书，这是多么令人愉快的一件事啊！毕达哥拉斯还能期望比这更好的变形吗？奥维德和贺拉斯该有多么欢欣鼓舞呀！”[31]

无论在世与否，作家们在完成书稿后，将超越肉体的形态，自行摆脱自己的影子。只有读者有能力复活作家在书中安息的影子。

惠特曼对我们——他的读者——提出了很多要求。他在《未来的诗人》这首诗中劝勉我们："觉醒吧！因为你们必须公正地评价我。"他继续说道：

我无非是写出了一两个预示未来的词语而已，

我只不过先行向前走了一会儿，就又匆匆转身，退回阴影之中。[32]

惠特曼在他的散文《民主展望》中，进一步呼吁一种不同类型的文学，不是一脉相承的那种"一成不变、一文不值、东拼西凑的作品"，而是向读者提出更高要求、需要读者更加积极的新文学。他写道： 126

书被需要和被供应基于这样一种假设：阅读的过程不是半睡半醒，而是在最高意义上的一种锻炼，一种类似体操运动员竭尽全力的状态；那么，读者需要自食其力，必须全神贯注地构思诗歌、论证、历史、形而上的文章——提供提示、线索、起点和框架的文本。书籍本身的完整并不需要这么多的元素，但书籍的读者需要。[33]

惠特曼所说的“诗歌、论证、历史、形而上的文章”的构思是什么意思？如果不是指构思一个人向自己讲述的富有诗意和原则性的叙事，如果不是指构思一个人向自己和所在的社区讲述的关于世界的叙事，如果不是指试图过上有意义的生活，那还会是什么？爱默生和查尔斯·西米奇告诉我们：每个人在阅读他人时，是如何解读自己的；每个人在与他人对话时，又是如何发现自己与自己的生活对话的。“‘我’的存在需要与一个‘你’并立；称谓‘你’，成就‘我’。”马丁·布伯接着补充道：“一切真实的生活，皆是相遇。”[34]

乔纳森·李尔表示：“前桌关乎对抗。”[35]在前桌上盘旋，我们称谓“你”，我们称谓“我”。

平等之岛

与大学图书馆相比，书店永远向所有人敞开大门，显然

具有民主性。书店是伟大的平等主义者，所有的读者都享有同
等进入的权利。无论是作家、教授、自学者、好奇者，还是寻 127
求娱乐、启迪、信息和颠覆性思想的人，都会受到书店的公平
对待。形形色色的读者扫视书架，翻阅书籍，在过道中寻求洞
见。不论出身和专业，每个人都受邀成为学者、艺术家和思想
家的光荣同伴，都获得了参与和讨论作品的许可。所有的思想
被不加过滤地呈现出来，读者仅需通过自己的感知力来理解这
些书即可。

书店和公共图书馆一样，是一个开放的机构。虽然将书
籍带回家需要付费，但进入书店是免费的。书店鼓励读者的闲
逛和浏览。我和许多爱逛书店的人一样，在花钱购买心仪之书
之前，早已在书店里浏览了无数个小时。*我以我能买得起的
什么样书来衡量我在经济上的成功：起初，我只买得起二手书
和库存书；当我有了固定的收入后，我开始购买全新的平装
书；随着工资的增加，我偶尔会买精装书；最后，我不惜舍弃
一些其他的物质消费，看到喜欢的书就买，无论新的或旧的，
精装的或平装的，尽我所能地遵从卡尔维诺的要求——保持个 128
人经典图书馆的适当平衡。

---

* “让我们感到快乐的是享受，而不是占有。”（蒙田，《论我们之间的不平等》，《蒙田全集》，第192页）

我们是谁，这成千上万安静的爱书人？我们并不是天主教徒，而是“新教徒”。我们知道，每个人与作者及其书籍的关系无须调解；我们的教义是“普世祭司”*。我们认真对待诗人和散文家哈尼夫·阿卜杜拉基卜（Hanif Abdurraqib）对礼拜场所的深刻反思：“在很多方面，福音就是让人们走进门，接受你所能给予的一切祝福。”[36]

我们在没有牧师的书架间游荡。我们找到自己的路。但我们有很多同伴。“刚刚开始学习阅读的孩子”浏览着帕蒂·史密斯（Patti Smith）和巴拉克·奥巴马浏览过的书架。“流亡的知识分子”在与王鸥行（Ocean Vuong）、哈尼夫·阿卜杜拉基卜和桑德拉·西斯内罗丝（Sandra Cisneros）相交的道路上航行；而“各种年龄和不同背景的热情读者”走进了这家让苏珊·桑塔格、弗雷德·莫顿（Fred Moten）、温迪·多尼格、玛莎·纳斯鲍姆（Martha Nussbaum）、斯拉沃热·齐泽克（Slavoj Žižek）、扎迪·史密斯（Zadie Smith）

* 普世祭司是一个宗教术语，主要用于基督教中。它指的是所有信徒都被视为祭司，并有权接近上帝和履行神圣职责的理念。根据这个概念，每个基督徒都可以直接与上帝建立关系，无须通过其他人或特定的祭司阶层来传达自己对上帝的崇拜、祈求和奉献。这种观点强调了每个信徒在灵性事务中的平等地位和责任。——译注

和苏珊·豪（Susan Howe）着迷的书店。

在文学文化方面著述颇多的斯蒂芬·米勒(Stephen Miller)在他的著作《对话》（*Conversation*）中写道，18世纪的英国咖啡馆与书店可谓如出一辙：

> 不同阶层的人在咖啡馆里的交融，也给许多浏览者留下了深刻的印象。“这一幕可真是一节人生大课，”修 129
> 道院院长普雷沃斯特感叹道，“看着一两个贵族，一个男爵，一个鞋匠，一个裁缝，一个酒商，还有其他几个相似身份的人，聚在一堂，全神贯注地读着同样的报纸。英国自由的所在地……非咖啡馆莫属。”伦敦人称赞咖啡馆是一座阶级之海中的平等之岛。[37]

杰米·卡尔文持有一个睿智的观点：出入书店里的居民可以完美地呈现社区的面貌。尽管人与人之间存在着深刻的差异，但书店是一个具有民主性的空间，凭借温和的环境将我们彼此联结在一起。

一位献身于神学院合作社的图书管理员曾试着阐明这家书店的作用，她提到精神分析学家亚当·菲利普斯（Adam Phillips）可能会为我们带来一些启迪。菲利普斯写道，善良“将我们与各种各样的人联系在一起。善良是奢侈的

（extravagant）”。[38]我们的图书管理员查到“奢侈的”源自拉丁语，是通过中古法语传入英语世界的；这个词由“extra”（意为“外在”）和“vagant”（意为“漫游”或“闲逛”）组成。她在写给我的信中分享了她的这一发现：

> 我意识到书籍可以帮助一个人走出自我，站在他人的角度看待问题，从而让人变得更加善良。漫游与浏览虽然是不同的词语，但拥有共通的内涵。所以，我惊喜
> 130 地联想到，在书架间的漫游就是通往善良的旅程，帮助我们跨越自我的狭隘界限。

爱德华·希尔斯先前已经为好书店下了一个定义：“一个知识分子的欢乐之地，与对话具有同等的价值……是一个活跃智识的重要栖息地，让我们与世界保持联结。”在他看来，书店扮演着黏合剂和社区建设者的角色。[39]但在公共广场上，我们感受到的不仅仅是一种温文尔雅的善良。杰米·卡尔文在谈到神学院合作社时指出，尽管读者们很可能在意识形态上相互对立，但这些对手“一旦走进书店，就感觉回到了家；书店成了他们共同珍视的宝藏，于是他们成了书店共同的成员（无论是在字面意义上还是象征意义上）”。

伊壁鸠鲁重视智慧和友谊。我之前提到的小组学习正是

建立在友谊的基础之上，但组员之间的辩论也相当激烈。他们在辩论中仍然保持着对彼此的尊重，在友爱的精神中共同追求真理。辩论是《塔木德》中的精髓，比如典型的座谈会本身也是辩论的形式之一。

尊重的节奏

我们的公共话语根本就没有发挥作用。很少有地方可以进行对话和有意义的交流。麻省理工学院科技与自我创新中心的创立者雪莉·特克尔写道，真正的对话会产生“尊重的 131
节奏”：

> 公共对话为我们提供了一种模仿私人谈话的方式，包括如何对别人所说的内容展现包容和发自真心的兴趣……人们很早就意识到，这种公共对话对我们的民主至关重要。[40]

好书店就是这样一个可以同时进行显性和隐性的公共对话的场所。读者与书商或其他读者可以就一本书或一系列他们共同感兴趣的书展开对话；他们可以从不同的角度对书籍进行分类；他们可以围坐在一起，倾听作者们谈论自己的作品。还有像人们通常所经历的那样，与书的接触本身就能激发出一种内心的对话，刷新自己的直觉、假设和偏见，将神韵和洞见带入我们无知的深处。

有能力质疑自身的信仰，主动沉浸在不确定性、同理心和好奇心中，孜孜不倦地追求知识、美和意义，这样我们就可以尽最大努力去理解，并不断地去质疑（而不再一味响应）我们的假设。这既是一种公民行为，也是一种个人回报。

杰米·卡尔文写道，人们“在书店里，会感受到知识分
132 子话语的整体性，愈合了大学内部话语的分裂”。虽然书籍本身经常用最激烈的语言与彼此唇枪舌剑，以最高的赌注对真相和后果进行尖锐的辩论，但书店本身仍然具有一种愈合力。正如卡尔文所写的，“这一容纳了所有辩论的愿景和激烈争吵的地方——以其安静、愉快、严肃的方式——代表着理解与调和的可能性”。在多样性的空间中，我们可以从人类的整体经验中汲取有益之处。由好书商组成的星群构成了一种调和的力量。

1967年，芝加哥大学的一个教员委员会（委员会主席是杰米·卡尔文的父亲小哈里·卡尔文）发表了《卡尔文报

告：大学在政治和社会行动中的角色》。委员会提出了“大学的主要功能是提供讨论的起点”，报告的大部分内容都在明确宣称：大学在培育社会价值观方面扮演着“伟大而独特的角色”。

这一角色并不是大学所独有的。正如杰米·卡尔文所说，大学可能没有实现自身的愿景，但卡尔文报告中概述的价值观无论是对书店和公共图书馆，还是对其他致力于共同追求智识生活的机构来说，都是一份优秀的指导原则。如果将报告中的 133
“大学”换作“书店”，把“教职员工”和“学生”换作“读者”，那我们就可以自豪地采纳以下原则：

> ［书店］的使命是发现、改进和传播知识，其调查和审核的领域包括社会的所有方面和所有价值观。一家忠于使命的［书店］将对社会价值观、政策、实践和制度提出持久的挑战。书店凭借其规划和影响，对现行的社会统筹提出不满的意见，并提出了新的社会安排。
>
> 简而言之，一家好［书店］需要像苏格拉底一样扰人心绪。批判和反对由［读者］个人完成。［书店］本身并不是一位批评家，而是批评家的家园和赞助商。如果继续沿用经典的说法，书店是一个学术社区。一家［书店］为了履行社会使命，必须维持一个非同寻常的自由

探究环境，并坚持独立于政治潮流、激情和压力之外。一家书店如果要忠于对知识探究的信仰，就必须拥抱、接纳并鼓励各式各样的观点在社区中大量涌现。[41]

观点的多样性并不会招致社区的分崩离析；只要处理得
134 当，书店这一公共广场上的公开对话能将我们团结在一起，塑造出一批批更具公民意识的民众。

需要明确的是，书店并不是一个应有尽有的地方。在互联网上，形形色色的观念和思想无论质量高低、是否令人憎恶或虚假与否，都有各自存在的空间；但书店绝非如此。书商的选择必须根据质量和一定的标准进行过滤。当然，我们的筛选标准与选择标准同等重要。这样的策略不仅有利于营造一种兼收并蓄、实事求是的话语环境，还有助于让人们认识到书籍在广泛的智识生活中的多种使用方式。卡尔文认为，正是书店恢复了这种印象。

现在，我们都是书商

如果我们要建设社区和公共广场，也许对某些人来说，在摆满书籍的礼拜堂里提供某些祝福，那么支持一家严肃书店蓬勃发展的责任就必须落在我们所有人的身上。现在，我们所有读者都是书商。

政治学教授马克·汉森（Mark Hansen）曾经既是一位农民，也是神学院合作社董事会的成员之一，他强调书商“迫切需要培养读书人”——也可以说是传播福音。他这样写道：

> 书商的热情——对书籍的激情、对阅读体验的激情、
> 对文字文化的激情——是读者的灵感源泉。更重要的是， 135
> 书商为读者提供了至关重要的支持，使他们能够将自己的激情传递给孩子、学生、朋友和同事。对于我们这些常去书店、爱好阅读、支持图书文化的人来说，我们也必须成为书商。我们还必须树立一种信念，即在世界上所有的商品中，书籍具有特殊的属性：论证、叙述、故事和蕴含的诗意。我们要像农民耕耘一样来培育读者。[42]

继续耕作。 136

第五章

时　间

愚者的时间可以为钟表所测量，但没有钟表可以衡量智者的时间。

——威廉·布莱克，

《天堂与地狱的婚姻》，

《威廉·布莱克诗歌和散文全集》，

第 36 页

可疑的内在卫生状态

古罗马斯多葛主义哲学家塞涅卡在写给好友鲁基里乌斯（Lucilius）的第一封信中，解释了时间有多么宝贵，敦促他将每小时都握在自己的手中，并充分加以利用。他说，你不会马上死去，但你每天都在死去。善用你的时间，因为“除了时间，我们什么都没有。”接着，他继续感叹道：

> 那些凡人是多么愚昧啊！他们把那些最便宜的、最没有价值的、最容易被替代的事物，一一划入收益的账单之中，却从不把拥有的最宝贵的时间视作一笔贷款。然而，时间才是唯一一项连心存感激之人都无力偿还的债务。[1]

每个人都在急匆匆地赶着时间。要知道，我们远比祖先拥有更多的时间，大家却错误地将对效率的热情与对“最宝贵的时间”的珍惜混为一谈。我们可以在罗伯特·穆齐尔的反思 137
中，看出一个与人类狂热追求效率的相似之举：“肥皂的大量销售证明了人类对洁净的普遍追求。但这一论点并不能概括人类的道德生活，因为强烈的清洗冲动反而表明了一种可疑的内在卫生状态。”[2]伊丽莎白·哈德威克在谈到她和我们的时代时写道：“时间正是我们当代人决心缩短的事物。”她以特有的洞察力，发现时间“正在一个追求节省时间的世界里离奇地消逝着”。[3]在我们对效率的狂热痴迷中，时间被立即而轻浮地消耗掉，变得廉价而不受珍视。

虽然我们痴迷于节省时间，但并不重视沉浸式的时间。哈德威克是我们最好的读者之一，她对此哀叹道：我们失去了时间，也就失去了“耗时的阅读”。[4]人们之所以忙着腾出时间，似乎并不是因为要去做更有意义的事情。既然我们创造了如此富余的时间，到底希望如何使用它们呢？有人会认为，效率为我们带来的额外时间可能是一份集体礼物，可以帮助我们放慢脚步，去反思，去试图理解我们周遭的世界、彼此，以及我们自己。

哈德威克哀叹的并不是阅读本身的丧失，而是我们将阅读的努力集中于“备忘录和摘要”，从而丧失了玛丽·卡佩洛
138 所说的“慢时光”所提供的价值。如果我可以冒昧地将“讲座”换成“浏览”，把“论文”换成“书店”，那么我们就可以在卡佩洛的表述中，理解好书店如何有效地发挥了“减速剂”的作用：

> ［浏览］的时间是缓慢的，就像在［书店］中反刍思想的魅力一样美妙。我们可以称之为“理解的时间”，与“理解所费的时间”截然对立。巴特则将其称为“一种神圣的时间”，一种“公正”（即公平、自由）的时间；或者，正如他所定义的那样——“从一种逻辑到另一种逻辑、从一个身体到另一个身体的（微妙的、缓慢的、仁慈的）传递”。[5]

好书店促进了一种时间的支出：浏览的慢时光。例如，我们花费时间挑选下一本克拉丽丝·李斯佩克朵的小说；或

者，我们被前桌上那本圣奥古斯丁的《忏悔录》的奇特封面吸引后，会花些时间阅读封面上的文字介绍和前几页。他在书中抛出了一个问题："谁会让我安息？"[6]

在这个时候，我们会发现《忏悔录》和荷马的《奥德赛》各推出了两个新译本，刚刚上架了两本阿尔伯特·默里的最新作品集，以及一卷重新发行的保利·默里（Pauli Murray）的《疲惫喉咙里的歌》（*Song in a Weary Throat*，这本书让我们想起上次去书店时翻阅的保利·默里传记）。这些书籍全都摆放在前桌上，为读者在不慌不忙中意外发现文学之美而时刻筹 139
备着。

在这个时候，我们会和展台后面的书商谈论期待已久的费尔南多·佩索阿（Fernando Pessoa）的《不安之书》（*Book of Disquiet*）的译本，还有斯图亚特·霍尔（Stuart Hall）颇具启发性的新文集。在这个时候，我们了解到，这位书商也对西蒙娜·薇依的《重力与优雅》、穆尔蒂印度古典图书馆（Murty Classical Library of India）的书籍和由芝加哥大学出版社出版的塞涅卡作品特别版感到兴奋不已。（也许，是时候重读那些写给鲁基里乌斯的信了。*）

这样的发现都需要时间的投入。当我们主动进入一个漫

* 记住埃利亚斯·卡内蒂告诉我们的话：真正的精神生活在于重读。

无目的的空间，才会有意外发现的机会。有时，我们在走向收银台的路上，会不经意被某本书的书脊吸引，于是我们会一时心血来潮地拿起它，然后在书商的专业讲解下进行选购。回想起来，我们可能从来没有听说过凯特·赞布拉诺（Kate Zambreno）的名字，但有可能幸运地瞥见她的那本灰色的书脊！我们享受意外的发现，就像享受为发现而投入的时间一样。

伊丽莎白·哈德威克告诉我们，小说取决于一种更加微
140 妙的时间，一种“精神和智力的延伸，就像几乎沉溺于梦境之中，再缓慢地迎来蜕变”。这适用于所有伟大的探究性作品。此外，哈德威克认为阅读小说还有一些额外的条件：“宁静；缓慢的时日；发现的必要性；想象周遭世界的广阔……对最复杂和最简单的人类活动的好奇心。”[7]

慢时光或者沉浸式时光——比如浏览的时间——让我们更容易切近人类的记忆；我们对速度和效率所创造的短暂事物不感兴趣。米兰·昆德拉在小说《慢》中，探讨了他所谓“速度的恶魔”与遗忘之间，以及慢与记忆之间的“隐秘关联”。昆德拉写道：“在存在主义的数学体系中，这一经

验由两个基本方程式表示：慢的程度与记忆的强度直接成正比；快的程度与遗忘的强度也直接成正比。”他举例说明了这两个方程式：

> 且说一个再平常不过的情境：一个人走在街上，突然在脑海中努力回想起一件事，但就是记不起来。于是，他不知不觉地放慢了脚步。另一方面，当一个人想要赶紧忘记刚刚遭遇的扫兴之事，就会不自觉地加快步伐，仿佛这样就能拉长自己与这件事在时间上的距离似的。[8] 141

接着，他哀叹道：

> 慢的乐趣怎么就遗失了呢？唉，昔日漫步的人都上哪儿去了？民歌小调中的那些游手好闲的英雄，那些在各地磨坊游荡、在星空下露宿的流浪汉，他们都到哪儿去了？难道他们已经跟随乡间小道、草原、林间空地以及大自然一起消失了吗？[9]

我们书商知道他们在哪里。我们看到他们在漫步。他们正在注视着星星和果树的花朵。

我们可以像爱默生对待教育一样对待浏览。他曾劝告道："放下这种行军般的匆忙，跟随大自然的步调。她的秘诀是耐心。"[10]好书商相信，浏览者拥有足够的耐心，他们会等到书籍度过一段成熟期来获得充分的活力。毕竟，正如刘易斯·海德在区分劳动和工作时所写的那样，图书销售的劳动也"有自己的节奏"。扎迪·史密斯指出，图书销售是一门艺术，而艺术"不仅需要时间，还需要根据适合艺术的方式划分时间"。[11]书商也需要跟随大自然的步调。毕竟，没有从容不迫的耐心，又如何才能度过那段成熟期呢？再说了，书店一般让图书在书架上摆放132天；而神学院合作社为了避免过早地撤下图书，
142 会将时间延长至280天。书籍需要生根、发芽、茁壮成长的时间。

厨师的智慧告诉我们：时间本身就是食材之一。不要忘了哥谭书市的那句箴言："书作为物有其命运，而人与书有其约定。"[12]

我们看到**厨师**在书店里漫游，用手触摸书籍，取下防尘套，查看布料，闻一闻胶水的气味，检验熟度（"熟度就是一切！"[13]）。他知道某些作品对某些读者来说可能需要几年的时间才能成熟，还知道永世之书既没有保质期，也不会腐朽。

瓦尔特·本雅明在整理书房时，想起了古罗马拉丁诗人泰伦提雅努斯·马乌（Terentianus Maurus）的一句格言："读者各有不同，因此书籍也各有命运。"[14]书籍值得那段等待的时间。想一想所罗门的那句谚语："一个词在恰当的时刻出现，该有多妙？"[15]

正如人体近100万亿个细胞中的每一个都有各自的记时器，书店中的每本书也有自己的记时器。[16]书籍在来去之间，建构了整个书店。然而，我们作为零售商却常常没有耐心，还没等沙漏的上半部分漏完，就把书扔进了垃圾箱。

书店的吸引力类似于约瑟夫·康拉德所描述的艺术家的吸引力，"我们那不易被察觉的能力由此激发：由于战争般残 143
酷的生存条件，我们的部分天性必然被隐藏在更顽强、更坚硬的品质中，就像钢铁盔甲里脆弱的身体一样"。我们在进入书店后，会卸下那层盔甲，也会将待办事项和新闻报道搁置一旁，从而沉浸在自己的好奇心之中，栖息在对文学和智识的深刻感受中。书店的吸引力"不那么响亮，但更加深邃；不那么显著，但更振奋人心——纵然很快就会被人们置之脑后，但其影响永久延续"。[17]

书店的节奏有益于营造卡尔维诺所说的“人文休闲活动的开阔感”。[18]我们如果想要融入这一开阔的空间，我们的关注点就必须有所收缩或清空。许多浏览者通过浏览活动，培养了原本不曾拥有的心智能力。浏览者所需要的那种专注也有助于平息躁动的情绪和思想；例如焦虑、自满、后悔和不安都会在浏览过程中暴露出转瞬即逝、虚无缥缈的属性。

浏览者既在自己的头脑中，又在他人的头脑中。正如保罗·瓦莱里所言，狮子是由消化了的绵羊构成的。[19]我们还记得卡尔维诺在谈到身份问题时发问：“倘若剥离了那些阅历、讯息、读过的书籍和想象的事物，我们每个人又是谁？”[20]浏览者的思维能够思考他人的思想，经过反刍和消化，他人的思
144 想就变成了浏览者自身的思想。

那么，关于书店，让我们回到约瑟夫·康拉德对艺术家的描述：

> ［艺术家］激活了我们愉悦和惊奇的能力，刺激了我们对生活奥秘的感知力，激发了我们对同情、美丽和痛苦的感受；讲述着我们与万物相交的潜在情感，传达出一种微妙而又不可战胜的团结信念，将无数孤独的心灵编织在一起；诉说着我们在梦想、欢乐、悲伤、抱负、幻想、希望和恐惧中的团结精神，将人与人联结为一体，

> 将全人类——死者与生者，生者与未来的一代——紧密地联系在一起。[21]

在他人孤独的思想中，在不设防的情况下，我们以一种“内在的卫生状态”发现自己能投入时间去倾听彼此，倾听自我。我们已经准备好接收书店献上的任何祝福。

记忆术

时间上有邻近关系，空间上亦是如此；在好书店里，我们再一次能与最优秀的作家身处同一时代。我们不仅行走在当代的高峰之中，而且正如罗伯特·穆齐尔赞颂莱纳·玛利亚·里尔克的那样，“精神的命运能跨越时代的巅峰”。[22]

书店压缩了时间，引领我们进入一个再次讲起古老语言的次元:《罗摩衍那》（*Ramayana*）中的阿瓦德语歌曲再度被 145
唱起；阿莫拉耐心地讲解起自己的理论；伊本·鲁世德（Ibn Rushd）思考着亚里士多德的毕生之作；莎士比亚的独白让我们如同初次聆听那般动容；安妮·卡森、利昂·福雷斯特、艾略特·温伯格和普蕾蒂·塔内加（Preti Taneja）用古人的智慧书写的书籍也在向我们招手。

时间在我们浏览的过程中不断膨胀。

卡尔维诺观察到："博尔赫斯在他所创作的每一篇文章中，都尽其所能地谈论不可数、无限、时间、永恒；或者更确切地说，他是在谈论时间的永恒存在或循环性质。"[23]博尔赫斯在《小径分岔的花园》中，通过对时间的沉思（而不是对谋杀的巧妙构思）制造了更多的悬念。叙述者阅读了一个关于余准博士的描述，他相信祖先彭寂所创造的"完整而完美"的建筑既是一座迷宫，也是一本书。他知道这一建筑具有无限性，并努力理解其本体论的问题。他想象出"一个由迷宫构成的迷宫，一个蜿蜒延伸的迷宫，包罗过去和未来，甚至在某种意义上涉及其他的星球"。他还认识到花园的小径在时间
146 上（而不是在空间上）的分岔。余准博士被告知彭寂"相信时间有无限的序列，分歧的、交汇的和平行的时间织成一张不断增长、错综复杂的网。几个世纪以来，这个由相互接近、分岔、中断以及互不相干的时间构成的网络拥抱了时间的所有可能性"。[24]

博尔赫斯和我不仅将小径分岔的花园想象为一本书，还将其设想为图书馆或书店。

书店也许就像图书馆一样，是记忆的仓库——正如托马斯·卡莱尔所说的“古昔之声仍然清晰可闻，而旧时的形体和物质恰如梦境一般，早已荡然无存”。[25]在印刷术出现之前的几个世纪里，记忆是一项至关重要的人类活动。中世纪学者玛丽·卡拉瑟斯解释道：“制作清单本身就被认为是一种艺术——一种记忆的技巧，是一种记忆术。回忆是一种研究、一种探索和一种创造。”[26]

我们可以理解为什么施图姆将军觉得自己在国家图书馆里就像在一个巨型大脑中穿行。也许，他内心深处的某个古老部分，我们每个人内心深处的某个古老部分，都会对这样的空间产生共鸣。好书店通过一目了然的图表式布局，收藏着人类探索和想象、反思和研究的成果。书店和书籍辅助着记忆，更激发着思想反刍。古代的记忆术构建了一个心灵的剧场，通过绘制图表来发展逻辑一致但与众不同的系统，以便识记海量的作品。如今，这一记忆术为浏览的记忆者所用，他们慢慢反刍着思想，在实体的图表——博尔赫斯式的迷宫——中漫步，用跨越时代的计时器测量时间，将思想反刍视为一种调查、发 147
现和创造的方式。

思想反刍的艺术引领我们走出自我和时代，平息了我们带入书店的短暂忧虑。当我们创造了这些反刍动物的仓库，一种由持久存在的思想和见解构成的永恒教导将由此诞生。正如卡尔维诺所写，“哪怕最格格不入的琐碎情绪正在左右目前的局面，经典作品也能像背景噪声一般持续存在”。[27]这些时代的产儿和时代的创造者，这些一时之书与永世之书，成了我们永远的同伴。随着我们个体身份的发展，这些静态文本变得动态起来，演变为我们反刍思想的助手，让我们更好地认识自我和世界。

2017年，诗人学者伊芙·尤因在神学院合作社书店活动中，发表了一段引发共鸣的宣言。她说道：“我现在比过去都更加厌烦听到从人们的嘴巴说出‘现在比过去’。”

我们如何理解**现在**和**过去**之间的区别？虽然对新事物的期许可能会激励我们阅读下一篇文章或观看下一集连续剧，但只有当我们把自己与那些经久不衰的事物——那些作为背景噪声持续存在的经典——相联结，才可能理解当下的关切。当我们说“现在**与**过去**一样**”，当我们不再期待下一个新事物，而是专注于经久不衰的事物，我们就更有可能领会那独特而又并
148 非完全独特的挑战，了解某个特定叙事的起源。也许，我们甚至能够颠覆叙事，试图在悲剧之后寻找意义，理解人类本性、经验和知识的能力、复杂性和多样性。

在最理想的情况下，严肃的书店能激发这种参与感，努力营造一个重视慢时光的空间。它将注意力置于感官之上，将认知置于诱惑之上，优先选择那些由时代的产儿和时代的创造者书写的一时和永世的好书，以及那些值得一遇的永恒与短暂的记录和表达。

爱默生在遭遇了巨大的人生变故后，在文章《经验》中写道：

> 倘若有人能预知我们的行动和去向，那当我们思考时，就无所不知了！然而，我们就连今天的自己是忙还是闲，都无法确定。有时候，我们自认为无所事事，但过后又发现自己完成了很多事情，甚至已经在着手更多的工作。时光在流逝时，所有的日子对于我们来说毫无裨益，因此当我们在某时某地拾得所谓智慧、诗歌、美德等事物时，才会感觉如此不可思议。这样的时刻绝对不会根据我们规划的日程如约而至。一些无比美好的日子一定是不期而遇的。[28]

所有的浏览者都陶醉于不期而遇的时刻。在某种程度上，这些时刻广阔到挣脱时间的桎梏。在书店中，唯一的迫切感源 149
自书籍本身；书架上摆满了待读的书。读一读克拉丽丝·李斯佩克朵的小说吧，她会告诉你“浓稠的鲜血滴落的瞬间”。[29]浏览一下经典书区吧，你将与赫拉克利特一同悟出“时间是一个玩跳棋的孩子”。[30]跟随书商的指引吧，你会听到西蒙娜·薇依讲解“时间在内心生活中取代空间”的方式。[31]也许，你想思考一下自己的思考能力。挑选一本《忏悔录》的译本吧——也许是莎拉·鲁登的版本——来考量那高深莫测的时间宝库：“我的心灵啊，我是在你的里面度量时间。请不要用‘时间本身就是一种独立存在的事物’来否定我。也请不要任由情感的洪流否定你自己。我再说一遍，我是在你的里面度量时间。”[32]继续往后翻阅，你将会和奥古斯丁一起度量沉默。

插曲
来自《我叔叔的单片眼镜》

4

这甘美而无罪的生命之果
之所以坠地，似乎只是因为自身的重量。

苹果像骷髅头一样
充当一本书，供人一轮轮地阅读，
150 苹果和骷髅头一样卓越，都构成于

那些逐渐腐烂归于尘土之物。

而苹果最擅长的莫过于成为爱的果实，

成为一本书未免太过疯狂而难以卒读，

除非你读它只是为了消磨时间。

5

在高远的西天，有一颗炽烈的星在燃烧。

衡量爱的强度

也恰是测量大地神韵的尺度。

于我，是萤火虫的电闪灵光，

也是时间在年复一年中沉闷的嘀嗒声。

8

发芽，开花，结果，枯死。

这一庸俗的比喻揭示了一条真理之路。

我们的花朵凋零了。我们成了其果实。[33]

星星和开花的果树：绝对的持久与极端的脆弱，给人一种永恒之感。[34]

黄昏的时长

《塔木德》以“时间之论”开篇。智者正在讨论在哪个时
151 段内可以吟咏晚间祷词。他们接着进行了一系列试图定义“黄昏”的尝试。

比喻和衡量法数不胜数。尼希米认为黄昏持续的时间“就像一个人走半英里的时间那样长”；哈尼纳进一步阐明衡量法，认为那些想知道尼希米的黄昏有多长的人“应该在太阳还在照耀的时候离开迦密山顶，下到海里畅游一番，然后再上岸”。

拉比尤西表示：“黄昏就像黑夜来临和白昼消逝时的眨眼一瞬，其时长是无法确定的。”

拉比犹大认为：“黄昏能持续多久？当日落后，只要东方还泛着一抹红晕，下层［天空］呈灰白色，而下层［天空］不呈灰白色，那就是黄昏；［但］只要上层［天空］和下层一样灰白，那就是夜晚。”

拉比梅伊尔并不认同犹大的观点，更赞成尤西衡量黄昏时长的标准，并且他向犹大表达了这一点。我个人更认

可拉比因坦乎玛的看法。“黄昏可以比作什么呢？”他问道。“就像一滴放在剑尖上的鲜血，一分为二的那一瞬间就是黄昏的时长。”[35]

后来，在《逾越节》（*Pesachim*）一书中，智者确定了上帝最后的创举：在第一个安息日前夕的黄昏时分创造十种现象。安息日前夕是神圣与世俗分离的时刻。也就是说，这一刻
既区分又连接着神圣和世俗，就像黄昏结合了黑夜和白昼一 152
样。这一刻的创造是由所有这些元素共同创造的。

在这些神奇的创造中，有为在沙漠中流浪的犹太人提供水源的米里亚姆井[*]，有为人们提供食物的吗哪，以及代表上帝承诺不让洪水毁灭世界的彩虹[**]。除此之外，还有一些说明性工具在安息日前夕的黄昏被创造出来，比如文字、书写工具和刻写板。

---

* 这口井会陪伴在沙漠中旅行的犹太人身边；想要看到这口井的人应该这样做：爬到迦密山的山顶，向外望向地中海，海中那一块形似筛子的岩石就是米里亚姆的井。尼希米告诉我们：下山和下海的时间一直持续到黄昏结束。

** “愚蠢的人类，诺亚的洪水尚未退去；这个美好世界还有三分之二仍然是它的领地呢。”（梅尔维尔，《白鲸》，第298—299页）

黑夜漫长，我辗转反侧，直到晨曦的到来。

——《约伯记》7：4

黎明的时长

浓稠的鲜血滴落的一瞬间，那滴血一分为二的一瞬间。那
153 个瞬间无论是膨胀还是压缩，都是所有瞬间的延续，也是当下时刻——我们所栖息的唯一时间，一切发生的时间——的延续。博尔赫斯想到了“所有的事情不早不晚偏偏在此时此刻都落到一个人的头上。几个世纪以来都风平浪静，现在却出了事”。[36]每一个瞬间就像一个好无情感的容器。巴什拉认为，“如果我们的心足够大，就能热爱生活的所有细节”，就会把每一个瞬间既看作给予者，也视为索取者。[37]与此同时，我们必须对索取者保持警惕。

诗人保罗·瓦莱里于一个不确定的时刻在笔记本上记录，而这一时刻也正是探索不确定性的最佳时间。“我有一个习

惯，”瓦莱里以他独特的优雅写道，“在破晓前起床的那一刻，在那纯净而充满活力的黎明时分，在灯光与阳光之间，将毫无征兆地涌现在脑海中的一切一一记下。”[38]

他的笔记本中随处可见对时间的探索。他先是抛出了一个问题：“什么是瞬间？”然后，又用一连串问题来作答：“瞬间是像闪电那样转瞬即逝吗？还是说瞬间无论如何叠加，都无法构成一个时间段？抑或者，瞬间与一个时间段恰恰相反，并不是其中的要素？”[39]他在别处继续写道：

> 过去惊动现在。
>
> 多年的耕耘惊艳瞬间。[40] 154

帕斯卡·基尼亚尔认为，我们可能更喜欢“过去”这一更具确定性的词汇，而不是每一刻都感觉转瞬即逝的“当下”。当然，所有时刻的感受并非完全相同，但的确很可能稍纵即逝。有时，我们感到时间过得充实；有时，我们觉得浪费了时间；有时，我们感觉时间持续太久，似乎无休无止；还有时，我们却又感觉时光飞逝，多么希望能阻止时间的流逝！我们如何减慢这一刻，以便观察秋毫般最细微的事物呢？刘易斯·海德认为：“如果我们保持清醒，如果艺术家当真很有才华，那么他们的作品有时会引发一种优雅、交融的时刻。在这段时间里，我们不仅能感知到自身存在的潜在一致性，也能体验到生命的充实。”[41]我们是否可以为读者创造与知识的精华接触的条件呢？

无论我们是因为一行诗还是一个巧妙的措辞，而引发一段遐想；无论是通过回顾各自所珍视的思想发现之旅，还是看到社区中的人正沉浸在我们喜爱或期待的书籍中，我们心里都清楚书店既归我们独有，同时又不被任何一个人占有；无论我们是否意识到书商所创造的条件为思想反刍打下了坚实的基础，这些思想反刍都在默默地督促着我们采取更加开阔的视角来面对各种苦恼；无论是寻找一本恰好满足我们当下某一时刻需求的书，即使这个时刻无法与他人分享——甚至无法与未来
155 的自己分享——也明白自己已经掌握了在书店里浏览的艺术，相信自己的铁锄和铁锹会在需要的时候派上用场。也许，我们通过在书店这片愉悦之地中培养而来的思想反刍，时不时会体验到加斯东·巴什拉所描述的时刻：“人类天才在生命发展的曲线上的突然转折。”在那一刻，他写道：“知识通过照亮激情，揭示命运的规律和冷酷。”[42]

我也是芸芸读者中的一员，在书店的角落和空隙里沉静，“一呼一吸之间，”正如约瑟夫·康拉德所说，“双手正在土地中劳作。”我被“遥远的目标所吸引，瞥了一眼周遭风景的形状和颜色、阳光和阴影”。“看哪！”康拉德继续说道，“生活的全部真谛就在那里：片刻的憧憬、一声叹息、一个微笑——

然后回到永恒的安宁。”[43]

当警句家约瑟夫·儒贝尔在绝妙地说出“在顿悟的那一瞬间，你可以感知一切；但若要将其准确地表达，则需要数年的时间”时，似乎依稀能从他的身上望见矶鹬的影子。[44]这些是注定属于我们灵魂的尺度，这些是不期而遇的时刻。克拉丽丝·李斯佩克朵明白，“瞬间就是此时此刻。瞬间迫在眉睫，令我屏息。瞬间本身就具有紧迫性。就在我经历瞬间的同时，我猛然闯入了另一个瞬间”。[45]

玛丽莲·罗宾逊谈到了“时间的复合性让我们可以看到事物是如何发展的，以及事物是如何在我们在现实世界为其设定的限制性变量中自行完结的”。[46]保罗·瓦莱里也持有类似 156
的观点：“‘未来’是当下最易感知的部分。”[47]一个瞬间是一连串的瞬间。正如惠特曼所说：“时间是充裕的。”[48]瞬间就像包含了白昼和黑夜的黄昏一样，蕴含着过去和未来。

不确定性

> 生命中最珍贵的东西，就是不确定性。
>
> ——吉田兼好，《闲散集》

黄昏本身就是一个无法确定的时间段。正如我们之前所讨论的，黄昏的时长是不确定的，其性质亦是如此。智者探讨了黄昏的模糊性所产生的一系列意义。“尚无法确定是否同时包含白昼和黑夜，也无法确定是否完全是白昼，同样无法确定是否彻底是黑夜。”[49]上帝选择在世俗时间最后一个小时，在第一个安息日开始之前，在这个模棱两可的时刻里，在第一个神圣的时刻，创造了人类这一阐明的工具。这一点并非巧合，因为只有在不确定性之中诞生的工具才能明察秋毫。

智者在探讨黄昏的过程中，详述了不可知之物。虽然我们尽力去理解某些现象，但不确定性将仍然持续存在，因为各类现象的存在并不为我们所知，但我们的探究仍在持续。书
157 商工作的意义到底是什么？是过滤、挑选、布置和热情吗？读者所寻找的又是什么呢？我们是否有可能意识到我们所求知的最终却是不可知的、不可探究的？然而，我们无论如何都在求知，哪怕仅仅只能缩小探究的范围。*

智者教导我们，有七件事是不为我们所知的：

1. 死亡的时间
2. 慰藉的时间

* 引用拉比塔尔丰的一句话：我们没有义务回答问题，但也不能随意地放弃探究。

3. 正义的深度

4. 他人的心思

5. 完成使命的方式

6. 恢复仁慈的统治

7. 恶人的灭亡[50]

"我们为什么要读书?"作家安妮·迪拉德问道:

> 如果不是为了揭露美;如果不是为了提升生命;如
> 果不是为了探索生命最深奥的谜团;……如果不是为了
> 看到作者以戏剧化的手法突显我们的生活;如果不是为
> 了从智慧、勇气和意义的可能性中汲取作者的启迪和激
> 励;如果不是为了跟随作者去深入思考最深奥的谜团;
> 如果不是为了再次感受生命谜团的庄严与力量,那我们 158
> 为什么要读书呢?[51]

也许,这一切都与面对不确定性有关,直面庄严而有力的生命谜团,不放弃揭露隐蔽之物的希望,也不放弃阐明不确定性的希望。即使这份希望从来不会成为现实——甚至很可能

永远不会成为现实——我们也仍然会栖息在这样的瞬间，哪怕只是血滴落在剑尖上一分为二的那一瞬间。

书商信条

> 她心想，那种永恒持久之物，就是由一个个宁静的瞬间构成的。
>
> ——弗吉尼亚·伍尔夫，
>
> 《到灯塔去》，第 107 页

我们一旦进入慢节奏和沉浸式的时间，便更容易理解人类的记忆和想象。我们的每个瞬间也将不再是索取者，而是愈加慷慨的给予者。当我们在浏览时，时间的洪流缓和下来。书商最好根据这一现象来确定自身的任务。康拉德想知道，艺术家是否可以为这一个个慢节奏的瞬间赋予重大的意义；而我们每个人也都应该这样去做。我在这一过程中，发现了书商的信条。

如果我们像惠特曼一样，说服他人的方式不是通过论证、明喻和韵律，而是凭借我们自身的存在，那么当我们面对那些
159 已经厌倦了瞬息消逝的吸引、不再寻求即时满足和空洞刺激之人时，如何才能给他们提供一个答案呢？对于那些如约瑟夫·康拉德指出的要求获得慰藉和乐趣的人，对于那些“要求

立即得到改善、激励、惊吓、震憾或魅力的人”，我们又该说些什么呢？书商的愿景是通过好书店的力量，提供条件，让读者放缓步伐，看到更广阔的视野。如果我们能像康拉德笔下的艺术家一样获得成功，那么读者将会根据自己的口味，在书店里找到“鼓励、安慰、恐惧和魅力”。他们会找到他们所寻求的一切，也许还会发现他们一度忽视的“真理的一瞥”。[52]

那一瞥，“在勇气可嘉的时刻，从无情的时间洪流中”攫取；当以真诚和温柔的方式被刻意相遇时，“可能会彰显其真理的实质——揭露其鼓舞人心的秘密：在每一个令人确信的瞬间，都蕴藏着紧张和激情的核心”。康拉德总结道：

> 所呈现的遗憾或怜悯、恐惧或欢乐的景象，将唤醒观看者心中一种不可遏止的团结感；这在神秘的起源中，在辛劳中，在欢乐中，在希望中，在不确定的命运中，这种团结感使人与人彼此联结，使全人类与可见世界结合在一起。[53]

作为书商的我们亦将如此。我的希望是，这个挣扎着诞生的社会将回忆起最重要的债务——那些超出银行和金融家货 160
币范围的债务——并通过建立模式和系统，让我们所收到的礼物和所创造的礼物相继传承给下一代，从而清偿我们自身背负

的债务。让我们致力于保护和照料这些花园，耐心地栽培这些装载意义的容器、知识的浓缩物、可能性的护身符。如果我们
161 心之所向，书店就是我们所耕耘的硕果。

结　语

好书店

> 沿着大道的一侧行走，总能偶遇一家书店。走进之后，你哪儿也到不了，只能从一本书走到另一本书。书籍将全身心交付给自身，遵循思想的轨迹，逐字逐句地无限重印下去。那微妙动人的“思之交汇”将会在这条大道上永不停息。
>
> ——让-吕克·南希，
>
> 《论思之交汇：书和书店》，
>
> 第 45 页

2015年，巴黎传奇书店桅楼（La Hune）关门后，作家亚当·戈普尼克感叹道：“书店一旦关门，争论也就此终结了。”[1]2020年的春天，我们经历了一段时间的沉默；但值得庆幸的是，争论并未终结，只是奇迹般地暂停了。

近六十年来，在这个动荡多变的时代，社区的读者渴望理解发生在全球和个人层面的种种断裂，于是他们纷纷涌进书店，找寻友谊，追问意义，为旅途做好准备。但发生在2020年3月的那次断裂是前所未有的。对读者来说，书店的吸引力突然沦为了一种危险，而不再是一种慰藉。攒动的人群不像过
162 去那样让人心安，反倒令人惶恐。在接下来的441天里，芝加哥神学院合作社书店和57街书店的大门头一次长闭不开。*

用加斯东·巴什拉的话来说，这些社区书店在无限期关闭期间并不是“冷漠无情的空间”。书店在连检验员都不上门检测和评估之后，成了一片闹鬼的空间，到处都是孤魂野鬼。在新冠肺炎疫情期间，即使是在狂乱而可怕的春季，书商也仍然在书店里忙碌着。我们发现自己正在经营的不再是书店，而是一个仓库配送中心。这两者之间的差异似乎是显而易见的，但考虑到我们的行业目前正是建立在仓库配送中心（而非书店）的基础上的，明确区分两者的区别是很重要的。

书店被前来的读者所唤醒，正是这种相遇实现了书店的初衷。2021年6月，许多书店陆续重新开张：首先是复苏，然后是复兴。如果说一场争论在书店关门时终结，那么会有怎样的争论在书店再次营业后继续呢？

---

* 2012年，当书店从神学院的地下室搬到目前的位置时，书店关闭了9天。

据拉丁美洲文学学者、永不休止图书（Restless Books）的出版人伊兰·斯塔文斯的说法，博尔赫斯高度认同犹太文化，一丝不苟地搜寻着自己与犹太人在宗谱上的联系，但最终 163
徒劳无获。“作为回应，”斯塔文斯写道，“博尔赫斯索性将自己想象成一位犹太人。”[2]究竟是什么原因让博尔赫斯对犹太文化感到如此亲近呢？

犹太民族从小就善于质问，甚至敢于质疑自己所信仰的上帝。他们主要通过讨论而非批判来做到这一点。他们的图书馆（就像我祖父的一样）由大量心爱的经典书籍扩建而成，也许是他们唯一熟称为“家”的地方。毕竟，他们是一群无根的异乡人，注定在陌生的土地上永远流浪。因此，没有故乡的犹太人将书籍视为自己的家园。

博尔赫斯认为，“读者”是自己的首要身份。正如哈德威克所指出的那样，在博尔赫斯的眼中，“图书馆是人类戏剧的景观，是经验，是悲剧，也是社会史”。[3]犹太人将书籍视为家乡，博尔赫斯和我同样也将图书馆和书店视为自己的家园。既然《塔木德》代表着犹太人的祖国，那么一本“想象之书”最能代表我们的家乡。也许，这本书便是《目录的总目录》。

博尔赫斯和所有爱书之人一样，在寻找《目录的总目录》。作为书商，我们也汇编了属于我们的《目录的总目录》，幻想自己是这本书的作者（或者，也许是编辑），正在创造着我们的版本，每年都会对其进行增补、删节、勘误和修订。

我在第一次翻阅塞拉的《目录的总目录》——1994年版神学院合作社书店目录时，神学院合作社书店本身的存在让我
164 不可抗拒地认识到了书店的必要性。正如博尔赫斯在他的短篇小说《论科学中的精确性》中所写的那样，“帝国的地图随着帝国的对外扩张或割让土地，相应地扩大或缩小”。同样地，塞拉、山崎、琼斯、麦克纳利和他们的伙伴正是在年复一年地创建书店地形的目录。[4]书店的目录从未经过任何删节。[*]每一个地理位置都必须逐点绘制。

在某种程度上，我们都是流浪的人，在漂泊中寻找我们的社区，也寻找我们自己。无论书籍和它们所创造的景观是作为实体，还是作为传递希望、梦想、情绪、原则和智慧的内在机制，都是塑造我们自己精神景观的独特工具。毕竟，精神景观是我们随身携带的永恒家园。如此一来，我们就可以理解、塑造和沉浸在现实世界之中，培养罗宾逊所说的“一种对可能性的感觉”，即我们可以打造一个更加慷慨的社区。[5]

* “你不能删减一段旋律。”(瓦莱里,《文选》, 第213页).

本书并不是一份悲情悼词，我们也不希望是这样。这本书是欢乐颂词，也是一缕希望。神学院合作社和类似的组织——营造了一种纯粹的读书空间的书店——的论题将会被未来好几代人热议。因此，我与其提供泛泛而谈的答案，更希 165
望提出一些问题，供个人和社区在提炼自己的论点和经营自己的书店时考量。

我们怎样才能把握书店的用途？我们怎样才能进一步了解“世界上最伟大的工具之一”的功能呢？

书店持之以恒地收录着流行读物和经典著作，我们怎样才能准确地评估好书店的价值呢？

有些书店能提供一个书卷气的氛围，欢迎更加好学的人群（而非仅仅面向接受教育和完成学位的人群）前来交流、思考和提升，我们又应该如何评估这样的好书店呢？

我们需要为一些读者提供适当的报酬，因为没有他们，好的书店就不会存在。因此，我们怎样才能塑造图书销售这一职业，促进图书事业的发展呢？

我们应该如何为好书店特别建立一种全新的商业模式，而不是试图让它们被迫适应传统的零售模式呢？在筹划新模式的过程中，我们必须认识到，产品不是图书本身，而是书店的总体体验，包括博览性，以及藏书所引发的思考、对话和新发现等。

我和博尔赫斯一样，第一身份永远是读者。这意味着，
我是成千上万“书虫”中的一员，他们在认真翻阅时沉思默
166 想。尽管我从职业书商的角度写了很多篇文章，但我是以书店
爱好者的身份写下这些文字的。我之所以管理神学院合作社书店，是因为我想生活在一个处处都有好书店的世界之中。如此说来，这可真是一项自私的事业。或者更准确地说，倘若只有我一个人在为之努力，那么这将会是一项自私的事业。但好在我们是一个汇聚了成千上万人的军团。这才是事情的真相。这些书卷景观塑造了我，我同时也在塑造它们。

我希望好书店就像好生活或好社会一样，成为我们的志
向。好书店有其独特之处；如若这个世界不再有书店，一种特
167 别的存在方式也将随之消泯。

致 谢

尽管书脊上往往只能印有一个人的姓名，但一本书是由许多人共同创造的。我无法偿还自己所欠下的最重要的债务，但可以对此怀着深深的感激之情。

这些年来与我合作过的无数书商们，我欠你们“人情债”。你们与我的交谈、支持和友情对构思和撰写这本书起到了特别重要的作用，其中有Kasia Bartoszynska、Franny Billingsley、Caroline Casey、Kaitlynn Cassady、Sonja Coates、Joy Dallanegra-Sanger、Stephanie Denton、Stéphanie D'Hubert、Clancey D'Isa、John Evans、Broche Aroe Fabian、Rebecca Fitting、Allison Hill、Kim Hooyboer、Alex Houston、Brad Jonas、Alena Jones、Janet Jones、Elizabeth Jordan、Elaine

Katzenberger、Greg Kornbluh、Freddie Lippmann、Bryce Lucas、April Lundberg、Jenny Macagba、Praveen Madan、Marina Malzoniya、Walter Martin、Vanessa Martini、Colin McDonald、Sarah McNally、Lynn Mooney、Christine Onorati、Melinda Powers、Alison Reid、Shuchi Saraswat、Thulasi Seshan、Cliff Simms、Rick Simonson、Oren Teicher、Alyson Turner、Stephanie Valdez、Dorothea von
169 Moltke、Jonathon Welch和Lisa Winn。

出版业的许多同僚启发和激励了我，其中有Ellen Adler、Elise Cannon、Jennifer Crewe、John Donatich、Susan Donnelly、John Eklund、Morgan Entrekin、Barbara Epler、Alan Harvey、Brad Hebel、Judy Hottensen、Leslie Jobson、John Kessler、Garrett Kiely、Ruth Liebmann、Lara Phan、Michael Reynolds、Sharmila Sen、Alan Thomas、David Underwood、Diane Wachtell。

如果没有Devra Siegel、Carol VanderVeen、Jay Zalewski几位职业导师的前期指导，我很可能会迷失方向。

感谢Deborah Epstein、Ken Warren、Katie Parsons、Erin Adams、Stuart Flack、Julie Getzels、Melina Hale、Philip Halpern、Mark Hansen、William G. Howell、Mike Levine、Natalie Moore、Nicholas Pearce、Julie Peterson、

Darren Reisberg、Martha Roth、James Schwinn、DeWitt Scott、Bill Sewell、Douglas Sharps、Jack Spicer、Connie Spreen、Stephen Stigler和Hal Wilde，你们给了我热情而睿智的支持和友谊。

好朋友之间的关怀和交谈有着无法估量的价值。Jeff Bartow、Lori Berko、Jon Bibo、Jessica Biggs、T. David Brent、Ada Calhoun、Arianna Cisneros、Duane Davis、Wendy Doniger、Elizabeth Branch Dyson、Eve Ewing、Sunny Fisher、Wes Freeman、Joanie Friedman、Sam Gee、Kimiko Guthrie、Khari Humphries、Parneshia Jones、Jamie Kalven、Carrie Kiryakakis、Greg Kiryakakis、Naveen Kishore、Manya Lempert、Ashley McCullough、Priya Nelson、Peter Nilson、Ydalmi Noriega、Hilesh Patel、Mike 170
Rodriguez、Dawn Rogers、Debra Shaffer Seaman、Donna Seaman、Sadia Sindhu、Michael Skeer、Adam Sonderberg、Meghan Sullivan、Preti Taneja、Susana Vasquez、Freddie Washington、Ian West……要提到的名字实在太多了。但如果没有我与你们这群亲爱的朋友和旅伴的交谈，这本书就不可能诞生。

Alberto Manguel和Paul Yamazaki指引着我一路前进，我想表达对他们二人的感谢。

我与普林斯顿大学出版社职员们的合作非常愉快。我要感谢Kate Farquhar-Thomson、Chris Ferrante、Sara Lerner、Erin Suydam和Maria Whelan对这本书的支持和创制。

我从每年写给神学院合作社区的信函中引用了一些内容。我很感激那些读过年度信函初稿（尤其是手稿）的人。他们对我的写作项目都很热情，慷慨地给予时间，提出评论，让这本书变得更好。谢谢你们，Kasia Bartoszynska、Clancey D'Isa、Christie Henry、Alena Jones、Manya Lempert、Alberto Manguel、Priya Nelson、Peter Nilson、Leah Price、Adam Sonderberg和Paul Yamazaki。

我要感谢审稿的同行人员，他们的评论和热情帮助我在关键时刻改善了这篇手稿。几位编辑也帮助我对这本书的意义和风格进行了改进。Cynthia Buck的修改既周到又优雅。Matt Rohal是一位卓越的编辑，他在润色方面起到了重要的作用。Rob Tempio是业界最好的编辑之一，我为他对伟大书籍和好书店的赏识、愉悦和热情心存感激。没有他的远见，这本
171 书将不会存在。

特别感谢Jack Cella、Katy O'Brien-Weintraub、Richard Barnard、Rodney Powell、Heather Ahrenholz以及那些为神学院合作社书店和57街书店做出贡献的书商。还要感谢Art Sussman，是他告诉我斯坦福大学的棕榈树并不是真的，说服我来芝加哥管理神

学院合作社书店。

在写这本书的过程中，我们失去了Sandy Ackerman、Sonny Mehta、Marshall Sahlins、Michael Seidenberg和Judy Zitske。他们五个人都很重要。Sol Deutsch和John Paul Yen的遗产将一直与我们同在。

我无法用语言表达Harry Davis、Hanna Gray和Christie Henry对我的深刻影响。能在生命的晚期找到这样的榜样，我不会将其视为一种理所当然的幸运。

我要感谢亲爱的家人Erica、Haskell和Linda，他们从我写作伊始就陪伴在我的身边。我要感谢我的下一代：Coby、Willow、Wyatt和Waylon；还要感谢家庭纽带中年纪虽小、但同等重要的成员们：Susan、David、Danielle、Jen、Chris、Laura、Brandon、Brooke和Nikke。

称谓“你”，成就我。 172

注　释

序　言　书的存在

1. Shils, “The Bookstore in America,” 102.
2. *The Booksellers’ League*, 33—34.
3. Nancy, “Bookseller.”
4. Kawaguchi, “Feminist Feast and Famine.”
5. Nawotka, “ABA Added 111 Stores in 2019.”
6. Shils, “The Bookstore in America,” 95.
7. Mencken, “Lo, the Poor Bookseller.”
8. Morley, *John Mistletoe*, 286.
9. Shils, “The Bookstore in America,” 103.
10. Grothaus, “A Rediscovered 1997 Video Reveals Why Jeff Bezos Chose Books.”
11. 这些内容节选自1961年10月18日神学院合作社的公司章程。

12. Shils, "The Bookstore in America," 98.
13. 引自 Doherty and Kwong, *If You Weren't Looking for It*, 53。
14. Hunt, "My Books," in Hunt, *The World of Books and Other Essays*, 17.
15. Lamb, "Oxford in the Vacation," in Lamb, *The Essays of Elia*, 12.
16. Bacon, *Of the Proficience and Advancement of Learning*, 90.
17. Weil, *Gravity and Grace*, 161.
18. Burton, *The Anatomy of Melancholy*, 457—458.
19. *The Booksellers' League*, 36.
20. Shils, "The Bookstore in America," 98.
21. Nancy, *On the Commerce of Thinking*, 36—37.
22. Shils, "The Bookstore in America," 93.
23. Whitman, "Song of the Open Road, 10," in Whitman, *Poetry and Prose*, 303.

第一章 空 间

1. Bachelard, *The Poetics of Space*, 19.
2. UChicago Architecture, "Stanley Tigerman on the Seminary Co-op Bookstore."
3. Kalven, "Browsing in the Labyrinth."
4. Cappello, *Lecture*, 115.
5. Ibid., 39.

6. Liu, *The Huainanzi*, 50.
7. Montaigne, "Of Three Kinds of Association," in *The Complete Essays of Montaigne*, 629.
8. Kenkō, *Essays in Idleness*, 16.
9. Ibid., 7.
10. Ibid., 70—71.
11. Carter, "Introduction," in Carter, ed., *The Columbia Anthology of Japanese Essays*, 2.
12. Lowell, *Among My Books*, 9—10.
13. Ibid., 314.
14. Locke, *Of the Conduct of the Understanding*, in *The Educational Writings of John Locke*, 216—217.
15. Morley, *John Mistletoe*, 66.
16. Jackson, *The Anatomy of Bibliomania*, 55.
17. Laertius, *Lives of Eminent Philosophers*, 445—447.
18. Barnes, *The Complete Works of Aristotle*, 1825.
19. Epicurus, *The Essential Epicurus*, 85.
20. Seneca, *Epistulae Morales*, 147.
21. Bachelard, *The Poetics of Space*, 19.
22. Manguel, *A History of reading*, 193.
23. Quoted in Doherty and Kwong, *If You Weren't Looking for It*, 27.
24. Ruskin, *Sesame and Lilies*, 34.
25. Ibid., 35.

26. Hippocrates, *Hippocrates*, vol. IV, 473.

27. Walpole, *Correspondence*, 26: 307—308, 转载于Silver, "The Pre-history of Serendipity, from Bacon to Walpole"。

28. Silver, "The Prehistory of Serendipity," 237.

29. Ruskin, *Sesame and Lilies*, 34.

30. Musil, *The Man without Qualities*, 15.

31. Robinson, *When I Was a Child I Read Books*, 22—23.

32. Perec, "Brief Notes on the Art and Manner of Arranging One's Books," in Perec, *Species of Spaces and Other Pieces*, 150.

33. Stevens, "Man Carrying Thing," in Stevens, *Collected Poetry and Prose*, 306.

34. Manguel, *A History of Reading*, 187.

35. Schonwald, "The Seminary Co-op Turns Another Page."

36. Perec, "Brief Notes on the Art and Manner of Arranging One's Books," in Perec, *Species of Spaces and Other Pieces*, 155.

37. Ibid., 152—153.

38. Battles, *Library*, 106.

39. Jirō, "A Bed for My Books," in Carter, ed., *The Columbia Anthology of Japanese Essays*, 457.

40. Laertius, *Lives of Eminent Philosophers*, 465—475.

41. Weinberger, *The Ghosts of Birds*, 195—203.

42. Gupta, "A Bookstore with a Difference."

43. Borges, "Fragments of an Apocryphal Gospel," in Borges, *Selected Poems*, 295.

44. Manguel, *A History of Reading*, 198.

45. Ibid., 199.

46. Chicago Architecture, "Stanley Tigerman on the Seminary Co-op Bookstore."

47. Alena Jones，与作者的通信，2018年5月。

48. Ibid.

49. Schenden, "Entering the Thin Places."

50. Thoreau, *Walden and Civil Disobedience*, 181.

51. Nicholson Baker，与作者的通信，2016年9月9日。

第二章　丰富性

1. Ranganathan, *The Five Laws of Library Science*.

2. Manguel, *Packing My Library*, 99.

3. Calvino, *The Uses of Literature*, 81.

4. Musil, *The Man without Qualities*, 500.

5. Ibid., 500—501.

6. Ibid., 501.

7. Bialik and Ravnitzky, *The Book of Legends*, 422.

8. Morley, *John Mistletoe*, 158.

9. 引自伦敦图书馆，*On Reading, Writing, and Living with Books*，86。

10. Lamb, "Detached Thoughts on Books and Reading," in Lamb, *The Essays of Elia*, 195.

11. Hunt, "My Books," in Hunt, *The World of Books and Other*

Essays, 33.

12. 引自 Richardson, *First We Read, Then We Write*, 9。

13. 引自 Doherty and Kwong, *If You Weren't Looking for It*, 53。

14. O'Brien, *The Brwser's Ecstasy*, 33.

15. Calvino, *Six Memos for the Next Millennium*, 116.

16. Ouignard, *The Roving Shadows*, 77.

17. Liu, *The Huainanzi*, 631.

18. Blake, "The Marriage of Heaven and Hell," in Blake, *The Complete Poetry and Prose of William Blake*, 38.

19. Bishop, "Sandpiper," in Bishop, *Poems*, 129.

20. Melville, *Moby-Dick, or, The Whale*, 298—299.

21. Ibid., 230.

22. Ibid., 597.

23. Musil, *The Man without Qualities*, 405.

24. Ibid., 500—501.

25. Emerson, "Books," in Emerson, *Society and Solitude*, 185.

26. Zaid, *So Many Books*, 22.

27. Borges et al., "Poetry: Jorge Luis Borges," 111.

28. Jewett, *The Facts and Considerations Relative to the Duties on Books*, 22.

29. McColvin, *How to Use Books*/10.

30. Zaid, *So Many Books*, 21.

31. Macaulay, *Personal Pleasures*.

32. Pound, *ABC of Reading*, 17.

33. Emerson, "Books," in Emerson, *Society and Solitude*, 183.

34. 引自 Doherty and Kwong, *If You Weren't Looking for It*, 52。

35. Borges, "The Library of Babel," in Borges, *Labyrinths*, 52.

36. Musil, *The Man without Qualities*, 502.

37. Ibid.

38. O'Brien, *The Bmwser's Ecstasy*, 35.

39. Borges, "The Library of Babel," in Borges, Labyrinths, 53.

40. 引自 Manguel, *Packing My Library*, 15。

41. Lessing, *The Golden Notebook*, xii.

42. Woolf, "The Novels of George Meredith," in Woolf, *The Second Common Reader*, 234.

43. Canetti, *The Agony of Flies*, 231 (emphasis in original).

44. Calvino, *The Uses of Literature*, 133.

45. Ouoted in Zaid, *So Many Books*, 12.

46. Sontag, *As Consciousness Is Harnessed to Flesh*, 510.

47. Zaid, *So Many Books*, 33.

48. 引自 Doherty and Kwong, *If You Weren't Looking for It*, 28。

49. Calvino, *Six Memos for the Next Millennium*, 124.

第三章　价　值

1. De Bury, *The Philobiblon*, 17.

2. Ibid.

3. 引自 Ordine, *The Usefulness of the Useless*, 101。

4. 引自 London Library, *On Reading, Writing and Living with Books*, 89。

5. Okakura, *The Book of Tea*, 85.

6. Quoted in Doherty and Kwong, *If You Weren't Looking for It*, 27.

7. McColvin, *How to Use Books*, 50.

8. Ordine, *The Usefulness of the Useless*, 5.

9. 出处同上，第4页。

10. 出处同上，第82页。

11. 出处同上，第54—55页。

12. Gissing, *The Private Papers of Henry Ryecroft*, 37.

13. Quoted in Quignard, *The Roving Shadows*, 123.

14. St. Jerome 引自 Leonard, *The Booklovers' Anthology*, 248; Ouignard, *The Roving Shadows*, 120。

15. Hyde, *The Gift*, 60.

16. Whitman, "Song of the Open Road," *Poetry and Prose*, 300.

17. Hyde, *The Gift*, xii.

18. Ruskin, "Unto This Last," in Ruskin, *Unto This Last and Other Writings*, 161.

19. Gandhi, *An Autobiography*, 90.

20. Ibid., 299.

21. Ruskin, "Unto This Last," in Ruskin, *Unto This Last and Other Writings*, 178.

22. Ibid., 176.

23. Ibid., 178.

24. Ibid.

25. Ibid., 173.

26. Ibid., 174.

27. Ibid., 187.

28. Hyde, *The Gift*, xii.

29. Ibid., 107.

30. De Bury, *The Philobiblon*, 17.

31. 引自 Cole，*Responsibilities of the American Book Community*，44。

32. 出处同上，第44页。

33. 出处同上，第18页（黑体为后来所加）。

34. Morley, *John Mistletoe*, 141.

35. Sparks, "Passion Tempered with Patience."

36. Quinn, "The Talk of the Town."

37. Raffaelli, "Reinventing Retail," 3.

38. Morrison, "Arts Advocacy," in Morrison, *The Source of Self Regard*, 64.

39. Raffaelli, "Reinventing Retail," 21.

40. Ibid., 41.

41. Carlyle, *On Heroes, Hero-Worship, and the Heroic in History*, 22—23.

42. Musil, *Precision and Soul*, 132.

43. 引自 Ordine，*The Usefulness of the Useless*，85。

44. 引自 Bialik and Ravnitzky，*The Book of Legends*，408。

45. Quoted in ibid., 406.

46. Quoted in ibid., 403.

47. Avot 2: 8.

48. Flexner, *The Usefulness of Useless Knowledge*, 5.

49. Ibid., 5（黑体为后来所加）。

50. Ibid., 16—17.

51. Ibid., 36—37.

52. Ibid., 57.

53. Ibid., 60.

54. Ordine, *The Usefulness of the Useless*, 26.

55. Cioran, *Drawn and Quartered*, 82.

56. Olson, *Chicago Renaissance*, 15.

57. Ruskin, "Unto This Last," in Ruskin, *Unto This Last and Other Writings*, 168.

第四章　社　区

1. James, "On Some Omissions of Introspective Psychology," in James, *Essays in Psychology*, 143.
2. Simic, "Reading Philosophy at Night," 141.
3. Stevens, "The House Was Quiet and the World Was Calm," in Stevens, *Collected Poetry and Prose*, 312.
4. Wright, *Black Boy*, 273.
5. 引自Doherty and Kwong, *If You Weren't Looking for It*，74。
6. 出处同上，第42页，第74页。
7. Jamie Kalven慷慨地允许我阅读他的私人资料，包括他关于为一本关于神学院合作社及其社区的书所做的笔记。所有Kalven的参考文献均来自论文，除非另有说明。

8. Whitman, "Song of the Open Road, 6," in Whitman, *Poetry and Prose*, 301.
9. Kalven, "Browsingin the Labyrinth."
10. Morley, John Mistletoe, 289.
11. Kalven, "Browsingin the Labyrinth."
12. Hyde, *The Gift*, 56.
13. Kenkō, *Essays in Idleness*, 12.
14. 引自Jackson, *The Anatomy of Bibliomania*, 86。
15. 出处同上，第169页。
16. Hazlitt, *Literary Remains of the Late William Hazlitt*, 1vi.
17. 引自Leonard, *The Booklovers Anthology*, 3。
18. Ruefe, *Madness, Rack, and Honey*, 206.
19. 引自Leonard, *The Booklovers' Anthology*, 1—2。
20. Ibid., 2.
21. Hunt, "My Books," in Hunt, *The Word of Books and Other Essays*, 17.
22. Calvino, *The Uses of Literature*, 130.
23. 引自Jackson, *The Anatomy of Bibliomania*, 89。
24. 引自ibid., 85。
25. Ibid., 89.
26. Kenkō, *Essaus in Idleness*, 12.
27. Hazlitt, *Literary Remains of the Late William Hazlitt*, 1vi.

28. Emerson, "The American Scholar," in Emerson, *Essays and Lectures*, 58.

29. Ibid., 57—58.

30. Calvino, *Six Memos for the Next Millennium*, 114—115.

31. Hunt, "My Books," in Hunt, *The Wond of Books and Other Essays*, 40.

32. Whitman, "Poets to Come," in Whitman, *Poetry and Prose*, 175.

33. Ibid., 992—993.

34. Buber, *I and Thou*. 62.

35. 引自 Doherty and Kwong, *If You Weren't Looking for It*, 52。

36. Abdurragib, *They Can't Kill Us Until They Kill Us*, 7.

37. Miller, *Conversation*, 90.

38. Phillips and Taylor, *On Kindness*, 51.

39. Shils, "The Bookstore in America," 93.

40. Turkle, *Reclaiming Conversation*, 332.

41. Kalven Committee, "Report on the University's Role in Politicaland Social Action" ; UChicago Architecture, "Stanley Tigermanon the Seminary Co-op Bookstore."

42. 引自 Doherty and Kwong, *If You Weren't Looking for It*, 123。

第五章 时 间

1. Seneca, *Epistulae Morales*, 3—5.

2. Musil, *The Man without Qualities*, 265.
3. Hardwick, "Refections on Fiction," in Hardwick, *The Collected Essays of Elizabeth Hardwick*, 174.
4. Ibid.
5. Cappello, *Lecture*, 21.
6. Augustine, *Confessions*, 6.
7. Hardwick, "Refections on Fiction," in Hardwick, *The Collected Essays of Elizabeth Hardwick*, 174.
8. Kundera, *Slowness*, 39.
9. Ibid., 3.
10. Emerson, "Education," in Emerson, *Lectures and Biographical Sketches*, 155.
11. Smith, *Intimations*, 22.
12. Quinn, "The Talk of the Town."
13. Shakespeare, *King Lear*, 108.
14. Benjamin, *Illuminations*, 61.
15. Proverbs 15: 23.
16. Klein, *The Secret Pulse of Time*, 16.
17. Conrad, "The Nigger of the 'Narcissus,'" in Conrad, *Conrad's Prefaces to His Works*, 50.
18. Calvino, *The Uses of Literature*, 132.
19. Valéry, *Analects*, 10.
20. Calvino, *Six Memos for the Next Millennium*, 124.
21. Conrad, "The Nigger of the 'Narcissus,'" in Conrad, *Conrad's*

Prefaces to His Works, 50.

22. Musil, *Precision and Soul*, 239.
23. Calvino, *Why Read the Classics?*, 241.
24. Borges, "The Garden of Forking Paths," in Borges, *Labyrinths*, 28.
25. Carlyle, *On Heroes, Hero-Worship, and the Heroic in History*, 148.
26. Carruthers, "Mechanisms for the Transmission of Culture," 6.
27. Calvino, *The Uses of Literature*, 132.
28. Emerson, "Experience," in Emerson, *Essays and Lectures*, 471.
29. Lispector, *Água Viva*, 16.
30. Hippocrates, *Hippocrates*, vol. IV, 495.
31. Weil, *Gravity and Grace*, 174.
32. Augustine, *Confessions*, 378.
33. Stevens, "Le Monocle de Mon Oncle," in Stevens, *Collected Poetry and Prose*, 11—13.
34. Weil, *Gravity and Grace*, 161.
35. Bialik and Ravnitzky, *The Book of Legends*, 762.
36. Borges, "The Garden of Forking Paths," in Borges, *Labyrinths*, 20.
37. Bachelard, *The Intuition of the Instant*, 8.
38. Valéry, *Analects*, 265.
39. Ibid., 307.
40. Ibid., 605.
41. Hyde, *The Gift*, 151.
42. Bachelard, *The Intuition of the Instant*, 3—4.
43. Conrad, "The Nigger of the Narcissus," in Conrad, *Conrad's*

Prefaces to His Works, 54.

44. Joubert, *Pensées and Letters of Joseph Joubert*, 151.
45. Lispector, *Água Viva*, 68.
46. Robinson, *What Are We Doing Here?*, 113.
47. Valéry, *Analects*, 532.
48. Whitman, *Democratic Vistas*, in Whitman, *Poetry and Prose*, 952.
49. Shabbat, 34b.
50. Pesachim, 54b.
51. Dillard, *The Writing Life*, 72—73.
52. Conrad, "The Nigger of the Narcissus," in Conrad, *Conrad's Prefaces to His Works*, 52.
53. Ibid.

结　语　好书店

1. Gopnik, "When a Bookstore Closes, an Argument Ends."
2. Stavans, *Borges, the Jew*, x.
3. Hardwick, "Reading," 16.
4. Borges, "On Exactitude in Science," in Borges, *Collected Fictions*, 325.
5. Robinson, *When I Was a Child I Read Books*, 22—23.

参考书目

Abdurraqib, Hanif. 2017. *They Can't Kill Us Until They Kill Us*. Columbus, OH: Two Dollar Radio.

Augustine. 2018. *Confessions*. New York: Modern Library.

Bachelard, Gaston. 2013. *The Intuition of the Instant*. Evanston, IL: Northwestern University Press.

———. 2014. *The Poetics of Space*, translated by Maria Jolas. New York: Penguin Classics.

Bacon, Francis. 1838. *Of the Proficience and Advancement of Learning*. London: William Pickering.

Barnes, Jonathan, ed. 1984. *The Complete Works of Aristotle*. Princeton, NJ: Princeton University Press.

Battles, Matthew. 2011. *Library: An Unquiet History*. New York: W. W. Norton & Co.

Benjamin, Walter. 1969. *Illuminations: Essays and Reflections*. New York: Schocken Books.

Bialik, Hayim Nahman, and Yehoshua Hana Ravnitzky, eds. 1992. *The Book of Legends: Sefer Ha-Aggadah*. New York: Schocken Books.

Bishop, Elizabeth. 2011. *Poems*. New York: Farrar, Straus and Giroux.

Blake, William. 1988. *The Complete Poetry and Prose of William Blake*. New York: Anchor Books.

The Booksellers' League. 1905. *The Booksellers' League: A History of Its Formation and Ten Years of Its Work*. New York: The Booksellers' League.

Borges, Jorge Luis. 1998. *Collected Fictions*. New York: Penguin Books.

———. 1964. *Labyrinths*. New York: New Directions.

———. 1999. *Selected Poems*. New York: Viking.

Borges, Jorge Luis, Edward Hirsch, Alastair Reid, Ben Belitt, Norman Thomas Di Giovanni, W. S. Merwin, Richard Howard, César Rennert, and John Updike. 1998. "Poetry: Jorge Luis Borges." *Wilson Quarterly* 22 (4): 109–14.

Brooks, Gwendolyn. 1983. *Very Young Poets*. Chicago: Brooks Press.
Buber, Martin. 1970. *I and Thou*. New York: Charles Scribner's Sons.
Burton, Robert. 1927. *The Anatomy of Melancholy*. New York: Tudor Publishing.
Calvino, Italo. 1988. *Six Memos for the Next Millennium*. New York: Vintage International.
———. 1986. *The Uses of Literature*. San Diego: Harcourt Brace Jovanovich.
———. 1999. *Why Read the Classics?* New York: Vintage Books.
Canetti, Elias. 1994. *The Agony of Flies: Notes and Notations*. New York: Farrar, Straus and Giroux.
Cappello, Mary. 2020. *Lecture*. Oakland, CA: Transit Books.
Carlyle, Thomas. 1895. *On Heroes, Hero-Worship, and the Heroic in History*. London: Chapman and Hall.
Carruthers, Mary. 2008. "Mechanisms for the Transmission of Culture: The Role of 'Place' in the Arts of Memory." In *Translatio: The Transmission of Culture in the Middle Ages and the Renaissance: Modes and Messages*, edited by Laura H. Hollengreen, 1–26. Turnhout, Belgium: Brepols.
Carter, Steven D., ed. 2014. *The Columbia Anthology of Japanese Essays*. New York: Columbia University Press.
Cicero. 1970. *Orations: Pro Caelio, De provinciis consularibus, Pro Balbo*. Cambridge, MA: Harvard University Press.
Cioran, E. M. 1983. *Drawn and Quartered*. New York: Arcade Publishing.
Cole, John Y. 1981. *Responsibilities of the American Book Community*. Washington, DC: Library of Congress.
Conrad, Joseph. 1937. *Conrad's Prefaces to His Works*. New York: Haskell House.
de Bury, Richard. 1948. *The Philobiblon*. Berkeley: University of California Press.
Dillard, Annie. 1990. *The Writing Life*. New York: HarperPerennial.
Doherty, Megan E., and Jasmine Kwong. 2016. *If You Weren't Looking for It: The Seminary Co-op Bookstore*. Chicago: Self-published.
Donne, John. 1958. *The Sermons of John Donne*. New York: Meridian Books.
Emerson, Ralph Waldo. 1983. *Essays and Lectures*, edited by Joel Porte. New York: Library of America.
———. 1904. *Lectures and Biographical Sketches*. Boston: Houghton Mifflin.
———. 1883. *Society and Solitude*. Boston: Houghton Mifflin.

Epicurus. 1993. *The Essential Epicurus*. Amherst, NY: Prometheus Books.

Flexner, Abraham. 2017. *The Usefulness of Useless Knowledge*. Companion essay by Robbert Dijkgraaf. Princeton, NJ: Princeton University Press.

Gandhi, Mohandas K. 1993. *An Autobiography: The Story of My Experiments with Truth*. Boston: Beacon Press.

Gissing, George. 1903. *The Private Papers of Henry Ryecroft*. Westminster: Archibald Constable & Co.

Gopnik, Adam. 2015. "When a Bookstore Closes, an Argument Ends." *New Yorker*, June 12. https://www.newyorker.com/news/daily-comment/when-a-bookstore-closes-an-argument-ends (accessed January 30, 2020).

Grothaus, Michael. 2019. "A Rediscovered 1997 Video Reveals Why Jeff Bezos Chose Books and Not CDs to Be Amazon's First Product." *Fast Company*, November 13. https://www.fastcompany.com/90430303/a-rediscovered-1997-video-reveals-why-jeff-bezos-chose-books-and-not-cds-to-be-amazons-first-product (accessed January 30, 2020).

Gupta, Gargi. 2014. "A Bookstore with a Difference." *DNA India*, January 26. https://www.dnaindia.com/lifestyle/interview-a-bookstore-with-a-difference-1957196 (accessed January 31, 2021).

Hardwick, Elizabeth. 2017. *The Collected Essays of Elizabeth Hardwick*. New York: New York Review Books.

———. 1983. "Reading." *Daedalus* 112 (1): 13–18.

Hazlitt, William. 1836. *Literary Remains of the Late William Hazlitt: With a Notice of His Life*. London: Saunders and Otley.

Hippocrates. 1998. *Hippocrates*, vol. IV, translated by W.H.S. Jones. Cambridge, Mass.: Harvard University Press.

Hunt, Leigh. 1899. *The World of Books and Other Essays*. London: Gay and Bird.

Hyde, Lewis. 1983. *The Gift: Imagination and the Erotic Life of Property*. New York: Vintage Books.

Jackson, Holbrook. 2001. *The Anatomy of Bibliomania*. Champaign: University of Illinois Press.

James, William. 1983. "On Some Omissions of Introspective Psychology." in *Essays in Psychology*. Cambridge, MA: Harvard University Press.

Jewett, Charles C. 1846. *The Facts and Considerations Relative to the Duties on Books*. Providence, RI: J. F. Moore.

Joubert, Joseph. 1928. *Pensées and Letters of Joseph Joubert*. London: George Routledge & Sons, Ltd.

Kalven Committee. 1967. "Report on the University's Role in Political and Social Action." Chicago: University of Chicago (November 11). https://provost.uchicago.edu/sites/default/files/documents/reports/KalvenRprt_0.pdf (accessed February 18, 2020).

Kalven, Jamie. 1991. "Browsing in the Labyrinth." *University of Chicago Magazine* (December): 20–25.

Kawaguchi, Karen. 2000. "Feminist Feast and Famine." *Publishers Weekly*, July 24.

Kenkō. 1967. *Essays in Idleness: The Tzurezuregusa of Kenkō*, translated by Donald Keene. New York: Columbia University Press.

Klein, Stefan. 2006. *The Secret Pulse of Time: Making Sense of Life's Scarcest Commodity*. New York: Marlowe & Co.

Kundera, Milan. 2014. *Slowness: A Novel*. New York: HarperPerennial.

Laertius, Diogenes. 1972. *Lives of Eminent Philosophers*. Cambridge, MA: Harvard University Press.

Lamb, Charles. 1885. *The Essays of Elia*. New York: A. L. Burt, Publisher.

Leonard, R. M., ed. 2016. *The Booklovers' Anthology: A Compendium of Writing about Books, Readers, and Libraries*. Oxford: Bodleian Library.

Lessing, Doris. 1999. *The Golden Notebook*. New York: HarperPerennial.

Lispector, Clarice. 2012. *Água Viva*. New York: New Directions.

Liu, An. 2010. *The Huainanzi*. New York: Columbia University Press.

Locke, John. 1912. *Of the Conduct of the Understanding* [1706]. In *The Educational Writings of John Locke*. New York: Longmans, Green & Co.

London Library. 2016. *On Reading, Writing, and Living with Books*. London: Pushkin Press.

Lowell, James Russell. 1871. *Among My Books*. Boston: Fields, Osgood, & Co.

Macaulay, Rose. 1936. *Personal Pleasures*. New York: Macmillan.

Manguel, Alberto. 1997. *A History of Reading*. New York: Penguin Books.

———. 2018. *Packing My Library: An Elegy and Ten Digressions*. New Haven, CT: Yale University Press.

McColvin, Lionel. 1933. *How to Use Books*. London: Cambridge University Press.

Melville, Herman. 1992. *Moby-Dick, or, The Whale*. New York: Penguin Classics.

Mencken, H. L. 1930. "Lo, the Poor Bookseller." *American Mercury* (October).

Miller, Stephen. 2006. *Conversation: A History of a Declining Art*. New Haven, CT: Yale University Press.

Montaigne, Michel de. 1958. *The Complete Essays of Montaigne*, translated by Donald M. Frame. Stanford, CA: Stanford University Press.

Morley, Christopher. 1931. *John Mistletoe*. London: Faber and Faber.

Morrison, Toni. 2019. *The Source of Self-Regard: Selected Essays, Speeches, and Meditations*. New York: Alfred A. Knopf.

Musil, Robert. 1995. *The Man without Qualities*. New York: Vintage International.

———. 1990. *Precision and Soul: Essays and Addresses*. Chicago: University of Chicago Press.

Nancy, Jean-Luc. 2009. *On the Commerce of Thinking: On Books and Bookstores*, translated by David Wills. New York: Fordham University Press.

———. 2009. "Bookseller." In *The Encyclopedia of Diderot and d'Alembert Collaborative Translation Project*, translated by Audra Merfeld-Langston. Ann Arbor: Michigan Publishing, University of Michigan Library. http://hdl.handle.net/2027/spo.did2222.0001.039 (accessed August 8, 2021). Originally published as "Librairie," in *Encyclopédie ou Dictionnaire raisonné des sciences, des arts et des métiers*, 9:478 (Paris, 1765).

Nawotka, Ed. 2020. "ABA Added 111 Stores in 2019." *Publishers Weekly*, January 30.

O'Brien, Geoffrey. 2000. *The Browser's Ecstasy: A Meditation on Reading*. New York: Counterpoint.

Okakura, Kakuzō. 2010. *The Book of Tea*. New York: Penguin Classics.

Olson, Liesl. 2017. *Chicago Renaissance: Literature and Art in the Midwest Metropolis*. New Haven, CT: Yale University Press.

Ordine, Nuccio. 2017. *The Usefulness of the Useless*, translated by Alastair McEwen. Philadelphia: Paul Dry Books.

Perec, Georges. 1997. *Species of Spaces and Other Pieces*. New York: Penguin Classics.

Phillips, Adam, and Barbara Taylor. 2009. *On Kindness*. New York: Farrar, Straus and Giroux.

Pound, Ezra. 1951. *ABC of Reading*. New York: New Directions.

Quignard, Pascal. 2018. *The Roving Shadows*. London: Seagull Books.

Quinn, Alice. 1988. "The Talk of the Town." *New Yorker*, January 25, 25–26.

Raffaelli, Ryan. 2020. "Reinventing Retail: The Novel Resurgence of Independent Bookstores." Working Paper. Boston: Harvard Business School (January).

Ranganathan, S. R. 2006. *The Five Laws of Library Science*. New Delhi: Ess Ess Publications.

Richardson, Robert. 2009. *First We Read, Then We Write: Emerson on the Creative Drive*. Iowa City: University of Iowa Press.

Robinson, Marilynne. 2018. *What Are We Doing Here? Essays*. New York: Farrar, Straus and Giroux.

———. 2012. *When I Was a Child I Read Books: Essays*. New York: Farrar, Straus and Giroux.

Ruefle, Mary. 2012. *Madness, Rack, and Honey: Collected Lectures*. Seattle: Wave Books.

Ruskin, John. 2002. *Sesame and Lilies*. New Haven, CT: Yale University Press.

———. 1997. *Unto This Last and Other Writings*. New York: Penguin Classics.

Schenden, Gregory. 2018. "Entering the Thin Places." *The Hoya*, March 19.

Schonwald, Josh. 2001. "The Seminary Co-op Turns Another Page." *University of Chicago Magazine* (December).

Seneca. 1967. *Epistulae Morales*. Cambridge, MA: Harvard University Press.

Shakespeare, William. 2009. *King Lear*. New York: Modern Library.

Shils, Edward. 1963. "The Bookstore in America." *Daedalus* 112 (Winter): 92–104.

Silver, Sean. 2015. "The Prehistory of Serendipity, from Bacon to Walpole." *Isis* 106 (June): 235–56.

Simic, Charles. 1990. "Reading Philosophy at Night." In *Antaeus: Literature as Pleasure*, edited by Daniel Halpern, 135–42. London: Collins Harvill.

Smith, Zadie. 2020. *Intimations: Six Essays*. New York: Penguin Books.

Sontag, Susan. 2012. *As Consciousness Is Harnessed to Flesh: Journals and Notebooks, 1964–1980*. New York: Farrar, Straus and Giroux.

Sparks, Stephen. 2017. "Passion Tempered with Patience: An Interview with Paul Yamazaki." *ZYZZYVA* (Fall).

Stavans, Ilan. 2016. *Borges, the Jew*. Albany: State University of New York Press.

Stevens, Wallace. 1996. *Collected Poetry and Prose*. New York: Library of America.
Thoreau, Henry David. 1986. *Walden and Civil Disobedience*. New York: Penguin Classics.
Turkle, Sherry. 2015. *Reclaiming Conversation: The Power of Talk in a Digital Age*. New York: Penguin Press.
UChicago Architecture. 2013. "Stanley Tigerman on the Seminary Co-op Bookstore." Posted on YouTube, November 11. https://www.youtube.com/watch?v=FIp6s4n2URg (accessed January 30, 2020).
Valéry, Paul. 1970. *Analects*, vol. 14 of *Collected Works of Paul Valéry*. Princeton, NJ: Princeton University Press.
Weil, Simone. 1997. *Gravity and Grace*. Lincoln: University of Nebraska Press.
Weinberger, Eliot. 2016. *The Ghosts of Birds: Essays*. New York: New Directions.
Whitman, Walt. 1982. *Poetry and Prose*. New York: Library of America.
Woolf, Virginia. 1960. *The Second Common Reader*. New York: Harcourt Brace Jovanovich.
———. 2005. *To the Lighthouse*. Boston: Mariner Books.
Wright, Richard. 1963. *Black Boy*. New York: Harper & Brothers.
Zaid, Gabriel. 2003. *So Many Books: Reading and Publishing in an Age of Abundance*. Philadelphia: Paul Dry Books.

索　引

（条目后的页码为原书页码，见本书边码）